NEW CROWN

♛ English

三省堂 ニュー

英単語集 ②

SANSEIDO

はじめに

　この本は，三省堂中学校英語教科書NEW CROWN English Seriesに完全準拠した英単語集です。NEW CROWNで使われている単語・熟語，慣用表現などの意味を，教科書の例文とともに掲

マークの説明

□ → 新しく出てきた単語

◇ → すでに学習した単語の
　　　別の用法

○ → 小学校で学んだ単語

＊覚えた単語には✓印を入れ
　ましょう。

見出し語の書体

①ゴシック体の太字 (例：top)
　→話して書けるようにする発信語い

②ゴシック体 (例：valley) →読んだり聞いたりし
　たときに理解できる受容語い

③ローマン体で太字の斜字体 (例：*over there*)
　→熟語や表現

④ローマン体 (例：liter) →覚えておくと便利な語

◇ ◇ ◇	top [táp **タプ**]	名	一番上の部分，頂上，てっぺん
	round [ráund **ラウンド**]	形	丸い，円形の
	valley [vǽli **ヴァリ**]	名	谷(間)，渓谷，山あい
	finally [fáinəli **ファイナリ**]	副	ついに；最後に
◇	of	前	…から(出た)，…のために ★起源・原因を表す …のために

品詞の略語

冠→冠詞　　名→名詞(句)

代→代名詞　動→動詞

助→助動詞　形→形容詞

副→副詞　　前→前置詞

接→接続詞　間→間投詞

《略》→省略形

単語の意味と解説

★印は，使い方や注意点，■印は語の形(複数形や過去形など)を示しています。ほかに，同様の意味の語(≒)や，反対の意味の語(⇔)，発音に注意が必要なもの(❶)を載せています。

　赤い文字は付属のチェックシート(赤いプラスチックシート)を当てると消えて見えます。単語や例文の意味を覚えたり確認したりする際に利用してください。

載し，確認問題を収録しています。授業の予習・復習，定期試験対策，あるいは基本語いの増強に，繰り返し利用して学習に役立ててください。

用例文（〇印がついています）
見出し語の使われている文を教〔　　〕引用して載せています。見出し語になっている単語は赤い〔　〕字で，対応する日本語訳は**太字**で示しています。✪印は，ター〔　　〕となる基本文（POINTらんの文）に該当することを示しま〔　〕。
＊波線〜〜〜は〔　〕書でページが切り替わっていることを示しています。

○ We're almost at the top.
○ もうほとんど**頂上**です。

○ ✪ There are two **round** lakes in the **valley**.
　谷間に**丸い**湖が２つあります。

○ We made it, **finally**.
○ **やっと**着きました。

○ Oh no, we can't se〔　〕
○ **fog**.
　そんな，何も見えませ〔　〕

CHECK IT OUTで仕上げ
ここで，新出単語の確認をしてみましょう。まず，日本語を見て英語を書いてみましょう。受容語いは最初の文字が示されています。熟語は下線部に適切な単語を書きましょう。問題を解いたあと，チェックシートを当てて繰り返し学習できるようになっています。＊既習語は取り上げていません。

Lesson 3　GET Part 2	📖 pp.42~43
(1) ＿＿＿＿＿＿	優れた，たいへんよい
(2) ＿＿＿＿＿＿	空気，大気
(3) ｈ＿＿＿＿＿	ハイキングをする
	小さな森，林
	湿気のある，しっとりした
	推理小説，ミステリー
	…年生，…学年の生徒
	編む
	たくさんの…
月　日　／9点	③　月　日　／9点

CONTENTS もくじ

コラム

単語ノート

Starter This Month's Books

◇ **live** ◇ [lív **リヴ**]	動	暮らす，生活する ■3人称単数現在形（3単現）はlives
and [ǽnd **アンド**]	接	…と〜，…そして〜
☐ Flopsy ☐ [flápsi **フラ**プスィ]	名	フロプシー ★『ピーターラビットのお話』に出てくるウサギの名前
☐ Mopsy ☐ [mápsi **マ**プスィ]	名	モプシー ★『ピーターラビットのお話』に出てくるウサギの名前
☐ Cotton-tail ☐ [kátnteil **カ**トンテイル]	名	カトンテール ★『ピーターラビットのお話』に出てくるウサギの名前
☐ naughty ☐ [nɔ́:ti **ノ**ーティ]	形	いたずら好きな
☐ *get into ...*		…（特に好ましくない状態）になる，かかわる
☐ trouble ☐ [trʌ́bl **トラ**ブル]	名	心配（事），苦労；やっかいな事態，困難
☐ author ☐ [ɔ́:θər **オ**ーサ]	名	作者，作家
☐ Beatrix Potter ☐ [bíətriks pátər **ビ**アトリクス **パ**タ]	名	ビアトリクス・ポター ★イギリスの絵本作家；ピーターラビットの作者 （1866-1943）

Peter Rabbit **lives** with his mother **and** three sisters, *Flopsy*, *Mopsy*, and *Cotton-tail*.
ピーターラビットは，お母さん**と**3人の姉妹，**フロプシー**，**モプシー**，**カトンテール**と一緒に**暮らしています**。

Peter is a **naughty** rabbit.
ピーターは**いたずら好きな**ウサギです。

He often **gets into trouble**.
彼はよく**やっかいな事態に巻き込まれます**。

The **author** of *Peter Rabbit* is *Beatrix Potter*.
『ピーターラビット』の**作者**は**ビアトリクス・ポター**です。

wrote [róut ロウト]	動	write(書く)の過去形
story [stɔ́:ri ストーリ]	名	物語, 話
sick [sík スィク]	形	病気の, 病気で ⇔well 形 健康で
origin [ɔ́:rədʒən オーリヂン]	名	起源, はじまり, 発端
◇ all ◇ [ɔ́:l オール]	形	すべての, 全部の

Sherlock Holmes [ʃɔ́:rlak hóumz シャーラク ホウムズ]	名	シャーロック・ホームズ ★イギリスの作家コナン・ドイルが生み出した名探偵
clever [klévər クレヴァ]	形	利口な, 頭のいい
detective [ditéktiv ディテクティヴ]	名	刑事, 探偵
anyone [éniwʌ̀n エニワン]	代	だれでも ★肯定文で用いるとき
man [mǽn マン]	名	(大人の)男性, 男の人
men [mén メン]	名	man(男性)の複数形

She **wrote** a **story** in a letter to a **sick** boy.
彼女は**病気の**少年に宛てた手紙の中に**物語**を**書きました**。

This letter is the **origin** of the popular *Peter Rabbit* book series.
この手紙が有名な『ピーターラビット』シリーズの**はじまり**です。

All the stories in the series have many animal characters.
シリーズの**すべての**物語には，たくさんの動物のキャラクターが登場します。

Sherlock Holmes is a **clever detective** in this book.
シャーロック・ホームズは，この本に**賢い探偵**として登場します。

Anyone can come to him with a problem.
だれでも，問題を携えて，彼のもとを訪れることができます。

In one story, Holmes meets a **man** with red hair.
ある物語で，ホームズは赤髪の**男性**に会います。

☐ job ☐ [dʒáb **チャブ**]	名	職業, 仕事；務め
☐ strange ☐ [stréindʒ ストレインヂ]	形	奇妙な, 不思議な
☐ investigate ☐ [invéstəgèit インヴェスティゲイト]	動	調査する ■3 単現は investigates
◆ situation ◆ [sìtʃuéiʃən ◆ スィチュエイション]	名	立場, 状態
☐ Sir ☐ [sə́ːr **サ—**]	名	卿 (きょう) ★英国で knight や准男爵の名につける敬称
☐ Arthur Conan ☐ Doyle [áːrθər kóunən dɔ́il **ア**ーサ **コ**ウナン **ド**イル]	名	アーサー・コナン・ドイル ★イギリスの小説家；名探偵シャーロック・ホームズの生みの親（1859-1930)
☐ fact ☐ [fǽkt **ファクト**]	名	事実
☐ *in fact* ☐		実は
☐ middle ☐ [mídl **ミ**ドル]	名 形	真ん中 (の), 中間 (の)

GET Part 1

☐ recently ☐ [ríːsəntli **リ**ースントリ]	副	近ごろ, 最近
☐ read ☐ [réd **レド**]	動	read (読む)の過去形・過去分詞 ❶つづりは現在形と同じだが発音が異なる

The man's **job** is very **strange**.
その男性の**仕事**はとても**奇妙**です。

Holmes **investigates** the man's **situation**.
ホームズは彼の**状況**を**調べます**。

Sir Arthur Conan Doyle wrote the *Sherlock Holmes* stories.
アーサー・コナン・ドイル卿が，『シャーロック・ホームズ』の物語を書きました。

In fact, the name of a Japanese manga detective comes from Doyle's **middle** name.
実は，ある日本の漫画の探偵の名前は，彼の**真ん中の**名前から来ています。

教 pp.8~9

Recently, I **read** a book in English for the first time.
最近，私は初めて英語の本を**読みました**。

wonderful [wʌ́ndərfəl **ワンダフル**]	形	すばらしい, とてもすてきな
when [hwén (ホ)**ウェン**]	接	…するとき, …すると, …したら
if [íf **イフ**]	接	もし…ならば
lend [lénd **レンド**]	動	貸す, 貸し出す
came [kéim **ケイム**]	動	come(来る)の過去形
clear [klíər **クリア**]	形	晴れた

do [dúː **ドゥー**]	動	(事がうまく〔まずく〕)いく
do well		うまくいく, 成功する
test [tést **テスト**]	名	試験；検査, テスト
frustrated [frʌ́streitəd **フラストレイテド**]	形	不満を持っている
scared [skéərd **スケアド**]	形	おびえた
lonely [lóunli **ロウンリ**]	形	孤独な, ひとりぼっちの, さびしい
worried [wə́ːrid **ワーリド**]	形	不安で, 心配して

Wonderful.
すばらしいですね。

✪I read *Peter Rabbit* **when** I was a child.
私も子どもの**とき**に『ピーターラビット』を読みました。

✪ **If** you want another English book, I'll **lend** one to you.
もしほかの英語の本が読みたかっ**たら**，**貸し**ますよ。

✪When my mother **came** home, I was watching TV.
母が家に**帰って来た**とき，私はテレビを見ていました。

✪ If it is **clear**, we will play baseball.
もし**晴れ**たら，私たちは野球をします。

I'm depressed when I don't **do well** on a **test**.
私は，**テストでうまくいか**ないとがっかりします。

comfortable [kʌ́mfərtəbl カンフォタブル]	形	ここちよい
call [kɔ́ːl コール]	動	電話をかける
speak [spíːk スピーク]	動	しゃべる，話す
spoke [spóuk スポウク]	動	speak(話す)の過去形

☐☐ pool [púːl **プール**]	名	プール

GET Part 2

◇◇◇ **of** [áv **アヴ**]	前	…という ★同格関係を表す
◇◇◇ **that** [ðǽt **ザト**]	接	(…する〔である〕)ということ
☐☐ adventure [ədvéntʃər アド**ヴェ**ンチャ]	名	冒険；わくわくするような体験 ■複数形は adventures
☐☐ thrilling [θríliŋ **ス**リリング]	形	スリル満点の，ぞくぞくさせる
◇◇ **show** [ʃóu **ショウ**]	動	見せる，示す
☐☐ lake [léik **レイク**]	名	湖
☐☐ district [dístrikt **ディ**ストリクト]	名	地方，地域
☐☐ Lake District [léik dìstrikt **レ**イク ディストリクト]	名	〔the をつけて〕(英国の)湖水地方
☐☐ **hope** [hóup **ホ**ウプ]	動	希望する，望む
☐☐ someday [sʌ́mdèi **サ**ムデイ]	副	(未来の)いつか，そのうち

I enjoyed the story **of** Peter Rabbit.
ピーターラビット**の**物語は楽しかったです。

✪ I think **that** his **adventures** are **thrilling**.
ぼくは，彼の**冒険**は**スリル満点だと**思います。

✪ The pictures **show** that Ms. Potter loved the beautiful **Lake District**.
絵は，ポターさんが美しい**湖水地方**を愛していたということを**示しています**。

✪ I **hope** that I can go there **someday**.
ぼくは**いつか**そこへ行けると**よいなと思います**。

Back to the Future [bǽk tə ðə fjúːtʃər **バク トゥ ザ フューチャ**]	名	バック・トゥ・ザ・フューチャー ★映画の名前
important [impɔ́ːrtənt **インポータント**]	形	重要な，重大な；大切な
useful [júːsfəl **ユースフル**]	形	役に立つ，便利な

USE Read　THE TALE OF PETER RABBIT

once [wʌ́ns **ワンス**]	副	かつて，昔
upon [əpán **アパン**]	前	《基本的な意味は on とほぼ同じ》
time [táim **タイム**]	名	(ある長さの)時間，期間；…なひと時
once upon a time		昔々

I like *Back to the Future*.
私は『バック・トゥ・ザ・フューチャー』が好きです。

article 名 記事
[ά:rtikəl
アーティクル]

surprising 形 驚くべき，意外な
[sərpráiziŋ
サプライズィング]

📖 pp.12~13

Once upon a time, Peter Rabbit lived with his mother and sisters.
昔々，ピーターラビットはお母さんや妹たちと一緒に暮らしていました。

単語ノート

test と exam　test 教 p.9/ 本書 p.12，exam 教 p.23

　exam は examination を略したもので「試験」，test は「試験，検査，テスト」などの意味があります。どちらも日本語では「試験」ですが，exam はかたい語で，知識を問う重要な試験をさすのに対して，test は小テストや練習問題，また実技を含むものをさします。したがって，学期末や学年末，入学試験といった試験には exam(ination) を使います。

　take an exam[a test]（試験を受ける）
　do an exam[a test]（試験を受ける）
　pass an exam[a test]（試験に合格する）

◇ **one** ◇ [wʌ́n **ワン**]	形	ある…
□ *one day*		ある日
□ **outside** □ [àutsáid アウト**サイド**]	副	外へ〔で〕
□ **never** □ [névər **ネヴァ**]	副	決して…ない，まだ一度も…ない ★強い否定を表す
□ *go into ...*		…に入る
□ McGregor □ [məkgrégər マグ**レガ**]	名	マグレガー ★人の姓
□ **caught** □ [kɔ́:t **コート**]	動	catch(つかまえる)の過去形・過去分詞
□ pie □ [pái **パイ**]	名	パイ
□ parsley □ [pá:rsli **パースリ**]	名	パセリ
◇ **and** ◇ [ǽnd **アンド**]	接	そして(それから)
□ rush □ [rʌ́ʃ **ラシュ**]	動	勢いよく走る ■過去形・過去分詞はrushed
□ **away** □ [əwéi **アウェイ**]	副	(そこから離れて)別の場所へ； (遠くへ)去って；消えて

One day their mother said, "When you go outside, never go into Mr. McGregor's garden. When your father went there, Mr. McGregor caught him and put him in a pie."

ある日，お母さんが言いました。「外に行くときは，決してマグレガーさんの畑に入っていってはいけませんよ。あなたたちのお父さんはそこに行ったときに，マグレガーさんが彼を捕まえて，パイに入れてしまったのですよ。」

When Peter was looking for parsley, he saw Mr. McGregor.

ピーターがパセリを探しているときに，マグレガーさんの姿が目に入りました。

Peter turned and rushed away.

ピーターは向きを変えて，大急ぎで走り去りました。

□ shout □ [ʃáut シャウト]	動	叫ぶ，大声を出す ■過去形・過去分詞は shouted
◇ **stop** ◇ [stáp スタプ]	動	止める，止まる；立ち止まる

◇ **and** ◇ [ǽnd アンド]	接	…も…も，どんどん… ★ and の前後に同じ語を置いて表す
□ *one …, the* □ *other* ~		1つ〔人〕は…，もう1つ〔人〕は~
□ among □ [əmʌ́ŋ アマング]	前	…の間に〔で，の〕，…の中に〔で，の〕
□ cabbage □ [kǽbidʒ キャビヂ]	名	キャベツ ■複数形は cabbages
□ potato □ [pətéitou ポテイトウ]	名	ジャガイモ ■複数形は potatoes
□ hide □ [háid ハイド]	動	隠す；隠れる ■過去形・過去分詞は hid
□ hid □ [híd ヒド]	動	hide(隠す)の過去形・過去分詞
□ watering □ [wɔ́:təriŋ ウォータリング]	名 形	水まき(用の)
□ watering can □ [wɔ́:təriŋ kǽn ウォータリング キャン]	名	じょうろ
□ safe □ [séif セイフ]	形	安全な，危険がない

Mr. McGregor saw him and shouted, "Stop! Stop!"

マグレガーさんがピーターを見つけて,「**止まれ！　止まるんだ！**」と**叫び
ました。**

Peter ran and ran.

ピーターは**走りに走りました。**

He lost one shoe among the cabbages and the
other shoe among the potatoes.

彼は**片方の**くつを**キャベツ畑の中に，もう片方の**くつを**ジャガイモ畑の中に**
置いてきてしまいました。

Then Peter hid in a watering can.

そしてピーターは，**水まき用のじょうろの中に隠れました。**

He thought that he was safe.

彼はもう**安全**だと思いました。

☐☐ **find** [fáind **ファインド**]	動	見つける，見いだす ■過去形・過去分詞は found
☐☐ **found** [fáund **ファウンド**]	動	find（見つける）の過去形・過去分詞
☐☐ **more** [mɔ́ːr **モー**]	副	もっと（多く）
☐☐ *some more*		もういくらか
◇◇ **last** [lǽst **ラースト**]	名	最後
☐☐ *at last*		ついに
☐☐ **anything** [éniθiŋ **エニスィング**]	代	何か ★疑問文・条件文のとき 何も（…ない） ★否定文のとき
☐☐ **because** [bikɔ́ːz **ビコーズ**]	接	（なぜなら）…だから，…なので ★1 つの文の中で理由について補うはたらきをする
◇◇ **too** [túː **トゥー**]	副	あまりに（も）（…すぎる）
☐☐ **wonder** [wʌ́ndər **ワンダ**]	動	（…）かしら（と思う），だろうか， （…を）不思議に思う ■過去形・過去分詞は wondered
◇◇ **what** [hwát （ホ）**ワト**]	代	何が
☐☐ **happen** [hǽpən **ハプン**]	動	起こる，生じる ■過去形・過去分詞は happened

Mr. McGregor **found** him.
マグレガーさんが彼を**見つけました**。

Peter jumped out and ran **some more**.
ピーターは飛び出して，**さらに**走って逃げました。

At last Peter got home.
やっとのことで，ピーターは家にたどり着きました。

He didn't say **anything because** he was **too** tired.
彼は**あまりにも**疲れていた**ので**，**何も言いません**でした。

His mother **wondered**, "**What happened**?"
お母さんは「**何があったのだろう？**」と**思いました**。

☐☐ **just** [dʒʌst　**ヂャスト**]	副	ほんの；ちょっと，ただ
☐☐ chamomile [kæməmàil　**キャ**ママイル]	名	カモミール ★植物の名前
☐☐☐ *Good night.*		おやすみ。

☐☐ closed [klóuzd　クロウズド]	形	閉じた
☐☐ borrow [bárou　バロウ]	動	借りる ⇔lend 動 貸す
☐☐ **back** [bǽk　**バク**]	副	もとのところに，帰って
☐☐☐ *bring back ...*		…を返却する，持ち帰る，呼び戻す
☐☐ magazine [mǽgəzìːn　**マ**ガズィーン]	名	雑誌，定期刊行物
☐☐ **pay** [péi　**ペイ**]	動	払う

She **just** put Peter to bed and made **chamomile** tea for him.
彼女は**ただ**ピーターを寝かせて，彼のために**カモミール**ティーを入れました。

Good night, Peter.
おやすみ，ピーター。

fine [fáin ファイン]	名	罰金
machine [məʃíːn マシーン]	名	機械
scan [skǽn スキャン]	動	細かく調べる；スキャンする
press [prés プレス]	動	押す
button [bʌ́tn バトン]	名	押しボタン

Take Action! Talk 1　どんなストーリーなの？

☐☐ fire fighter [fáiər fàitər **ファイア ファイタ**]	名	消防士 ■複数形は fire fighters
◇◇ **good** [gúd **グド**]	形	楽しい，ゆかいな，おもしろい
☐☐ *Sounds good!*		いいじゃない！
☐☐ **true** [trú: **トルー**]	形	本当の
☐☐ forest [fɔ́:rəst **フォーレスト**]	名	森林
☐☐ award [əwɔ́:rd **アウォード**]	名	賞
☐☐ Michael Harris [máikəl hǽris **マイケル ハリス**]	名	マイケル・ハリス ★人の名前

GET Plus 1　試着してもいいですか

◇◇ **on** [án **アン**]	副	身に着けて
☐☐ *try on ...*		…を試着してみる
☐☐ shirt [ʃə́:rt **シャート**]	名	ワイシャツ，シャツ；ブラウス

I'm going to see the movie, *Fire Fighters*.
『ファイアー・ファイターズ』という映画を見るつもり。

Sounds good!
いいね！

It's a true story about a big forest fire.
それは大きな**森林**火災についての**本当の**話だよ。

It got a big award.
大きな**賞**をとったんだ。

Michael Harris is in it.
マイケル・ハリスがそれに登場します。

May I try on this shirt?
この**シャツを試着**してもいいですか。

☐☐ **afraid** [əfréid アフレイド]	形	…ではないかと心配している ★〔be afraid (that) ...〕の形で用いて
☐☐ ***I'm afraid (that) ....***		残念ですが〔すみませんが〕…ではないかと思います。

Word Bank　いろいろな動作

☐☐ menu [ménjuː メニュー]	名	献立表，メニュー
◇◇ **in** [ín イン]	副	中へ，中に，在宅して
☐☐ ***come in***		入る

May I sit here? — **I'm afraid** you may not.
ここにすわってもよろしいですか。―**すみませんが**できない**と思います。**

教 p.19

◇ **message** 　　　　　名 伝言，ことづて
◇ [mésidʒ **メ**スィヂ]
☐ *leave a* 　　　　　メッセージを残す
☐ *message*

単語ノート

shout と cry　shout 教 p.12/ 本書 p.20，cry 教 p.107/ 本書 p.158

　shoutは「遠くまで声が届くように，あるいは怒りなどから大きな声を出して何かを言う」ことです。対象を表す場合はatを使います。

　Don't shout at me. （私にどならないで。）

　cryにも「叫ぶ，大声で言う」という意味があり，cry outの形で使われることもあります。cryは必ずしもことばとは限らず，「痛みや恐怖，驚きから大きな声をあげる」ことをさします。

　"Look out! A car is coming," he cried.

　（「気をつけて！　車が来るよ」と彼は叫びました。）

　また，cryには「痛みや悲しみなどから涙を出して泣く」という意味もあります。

　Babies cry a lot. （赤ちゃんはたくさん泣きます。）

CHECK IT OUT!

(1)		心配(事)，やっかいな事態
(2)		「書く」の過去形
(3)		物語，話
(4)		病気の
(5)		だれでも
(6)		男性，男の人
(7)		「男性」の複数形
(8)		職業，仕事
(9)		事実
(10)		真ん中(の)
(11)	n	いたずら好きな
(12)	a	作者，作家
(13)	o	起源，はじまり
(14)	c	利口な，頭のいい
(15)	d	刑事，探偵
(16)	s	奇妙な，不思議な
(17)	i	調査する
(18)	get _____ ...	…(特に好ましくない状態)になる
(19)	_____ fact	実は

① 月 日 ／19点	② 月 日 ／19点	③ 月 日 ／19点

(1)	_____	近ごろ，最近
(2)	_____	「読む」の過去形・過去分詞
(3)	_____	もし…ならば
(4)	_____	「来る」の過去形
(5)	_____	晴れた
(6)	_____	すばらしい，とてもすてきな
(7)	_____	試験，検査，テスト
(8)	_____	不安で，心配して
(9)	_____	「話す」の過去形
(10)	l _____	貸す，貸し出す
(11)	f _____	不満を持っている
(12)	s _____	おびえた
(13)	l _____	孤独な，ひとりぼっちの
(14)	c _____	ここちよい
(15)	do _____	うまくいく，成功する

① 月 日 ／15点	② 月 日 ／15点	③ 月 日 ／15点

CHECK IT OUT!

(1)	_____	希望する，望む
(2)	_____	重要な，大切な
(3)	_____	役に立つ，便利な
(4)	a _____	冒険
(5)	t _____	スリル満点の
(6)	d _____	地方，地域
(7)	s _____	いつか
(8)	a _____	記事
(9)	s _____	驚くべき

① 月 日 ／9点	② 月 日 ／9点	③ 月 日 ／9点

(1)	_____	かつて，昔
(2)	_____	外へ〔で〕
(3)	_____	決して…ない
(4)	_____	「つかまえる」の過去形・過去分詞
(5)	_____	別の場所へ
(6)	_____	「見つける」の過去形・過去分詞
(7)	_____	見つける
(8)	_____	もっと(多く)
(9)	_____	何か，何も(…ない)
(10)	_____	(なぜなら)…だから
(11)	_____	(…)かしら(と思う)
(12)	_____	起こる，生じる
(13)	_____	ほんの，ただ
(14)	u_____	《onとほぼ同じ意味の語》
(15)	p_____	パセリ
(16)	r_____	勢いよく走る
(17)	s_____	叫ぶ，大声を出す
(18)	a_____	…の間に〔で，の〕
(19)	h_____	「隠す」の過去形・過去分詞
(20)	h_____	隠す，隠れる
(21)	s_____	安全な，危険がない
(22)	c_____	カモミール
(23)	once upon a _____	昔々
(24)	_____ day	ある日

CHECK IT OUT!

(25) at _____   ついに

① 月 日	／25点	② 月 日	／25点	③ 月 日	／25点

Take Action! Listen 1 教 p.16

(1)		もとのところに，帰って
(2)		払う
(3)		機械
(4)	c	閉じた
(5)	b	借りる
(6)	m	雑誌
(7)	f	罰金
(8)	s	細かく調べる，スキャンする
(9)	p	押す
(10)	b	押しボタン

① 月 日	／10点	② 月 日	／10点	③ 月 日	／10点

Take Action! Talk 1

教 p.17

(1) _____ 本当の

(2) f_____ 森林

(3) a_____ 賞

(4) _____ good! いいじゃない！

① 月 日	／4点	② 月 日	／4点	③ 月 日	／4点

GET Plus 1

教 p.18

(1) be _____ (that) ... …ではないかと心配している

(2) try _____ ... …を試着してみる

① 月 日	／2点	② 月 日	／2点	③ 月 日	／2点

Word Bank

教 p.19

(1) m_____ メニュー

① 月 日	／1点	② 月 日	／1点	③ 月 日	／1点

GET Part 1

☐☐ day-at-work program [déi ət wə́ːrk próugræm ディ アト ワーク プロウグラム]	名	職業体験プログラム
☐☐ soon [súːn スーン]	副	すぐに，まもなく
◇◇ right [ráit ライト]	形	正しい，まちがっていない
☐☐ *That's right.*		そのとおり。
◇◇◇ want [wánt ワント]	動	…することを望む，…したい ★〔want to ...〕の形で用いる
◇◇◇ to [túː トゥー]	前	…すること ★不定詞の名詞用法
☐☐ farm [fáːrm ファーム]	名	農場
◊◊ why [hwái (ホ)ワイ]	副	なぜ，どうして
☐☐ grandparent [grǽndpèərənt グランドペアレント]	名	祖父，祖母，〔grandparents で〕祖父母 ■複数形は grandparents
☐☐ organic [ɔːrgǽnik オーギャニク]	形	(野菜や果物などが)有機栽培の
☐☐ fruit [frúːt フルート]	名	果物，木の実 ■複数形は fruits
☐☐ farming [fáːrmiŋ ファーミング]	名	農業，農場経営

The **day-at-work program** is coming **soon**.
職業体験プログラムが**もうすぐ**くるね。

That's right.
そうだね。

✪I **want to** work at a **farm**.
私は**農場**で働き**たい**。

A farm? **Why**?
農場？ **どうして**？

Well, my **grandparents** have a restaurant.
えーと，私の**祖父母**がレストランをやっているんだ。

They use **organic fruits** and vegetables.
彼女たちは**有機栽培の果物**や野菜を使っているんだ。

✪ My plan is to learn about **farming**.
私の計画は**農業**について学ぶことだよ。

travel [trǽvl トラヴル]	動	旅行する, 旅をする
doctor [dáktər **ダ**クタ]	名	医者
engineer [èndʒəníər エンヂニア]	名	技師, エンジニア
voice [vóis **ヴォ**イス]	名	声
actor [ǽktər **ア**クタ]	名	俳優
interpreter [intə́:rprətər イン**タ**ープリタ]	名	通訳者
something [sʌ́mθiŋ **サ**ムスィング]	代	何か, あるもの

GET Part 2

market [má:rkət **マ**ーケト]	名	市；市場
to [tú: **トゥ**ー]	前	…するために ★前の動詞を修飾する不定詞の副詞用法
sell [sél **セ**ル]	動	売る, 売っている

My dream is to **travel** around the world.
私の夢は世界中を**旅する**ことです。

other [ʌ́ðər アザ]	代	ほかのもの〔人〕, 別の物〔人〕 ■複数形は others
abroad [əbrɔ́ːd アブロード]	副	外国へ〔に, で〕, 海外へ〔に〕
study abroad		留学する
pass [pǽs パス]	動	通る；合格する
overseas [òuvərsíːz オウヴァスィーズ]	副	海の向こうに, 海外へ
painter [péintər ペインタ]	名	画家, 絵をかく人
vet [vét ヴェト]	名	獣医 ★veterinarian の略

教 pp.24~25

★I go to a farmers' **market to sell** my vegetables.
私は自分の野菜を**売るために**農家の**市場**へ行きます。

39

☐ **grow** ☐ [gróu グ**ロ**ウ]	動	(植物が)育つ；栽培する
◇ **better** ◇ [bétər ベタ]	形	(品質・技量などが)もっとよい，もっとじょうずな；より元気な ★good(よい)・well(健康で)の比較級
◇ **and** ◇ [ǽnd ア**ンド**]	接	〔結果を示して〕それで，だから
◇ **bring** ◇ [bríŋ ブ**リング**]	動	(知らせ・ある状態・出来事などを)もたらす
◇ **more** ◇ [mɔ́:r **モ**ー]	形	もっと多くの〔多い〕
☐ happiness ☐ [hǽpinəs **ハ**ピネス]	名	幸福
☐ achieve ☐ [ətʃí:v ア**チ**ーヴ]	動	(地位・名声などを)手に入れる， (目的・目標を)達成する
☐ goal ☐ [góul **ゴ**ウル]	名	目標 ■複数形はgoals
◇ **still** ◇ [stíl ス**ティ**ル]	副	まだ，今でも，今なお
◇ **to** ◇ [tú: **トゥ**ー]	前	…するための，…すべき ★すぐ前の名詞を修飾する不定詞の形容詞用法

☐ space ☐ [spéis ス**ペ**イス]	名	宇宙
☐ forget ☐ [fərgét フォ**ゲ**ト]	動	忘れる ⇔remember 動 覚えている
☐ daily ☐ [déili **デ**イリ]	形	毎日の；日常の
☐ search ☐ [sə́:rtʃ **サ**ーチ]	動	さがす，調べる

I want to grow better vegetables and bring more happiness to people.
私は**もっといい野菜を育て，もっと多くの幸せ**を人々に**もたらし**たいと思います。

✪ To achieve my goals as a farmer, I still have many things to learn.
農場主として私の**目標**を**達成する**ためには，私は**まだ**学ぶ**べき**ことがたくさんあります。

I read books to study about space.
私は**宇宙**について勉強するために本を読みます。

online [ànláin アン**ライ**ン]	副	〔コンピューター〕オンラインで
without [wiðáut ウィ**ザ**ウト]	前	…なしで；…のない
subtitle [sʌ́btàitl **サ**ブタイトル]	名	(映画やテレビの)字幕，スーパー ★複数形 subtitles で用いる

☐☐ exercise [éksərsàiz **エクササイズ**]	名	練習（問題）；運動
☐ *do exercise* ☐		運動をする

USE Read My Dream

☐ **reason** ☐ [ríːzən **リーズン**]	名	理由，わけ ■複数形は reasons
◇ **first** ◇ [fə́ːrst **ファースト**]	副	第一に；まず，最初に，初めて
☐ everyday ☐ [évridèi **エヴリデイ**]	形	毎日の，日常の
☐ **health** ☐ [hélθ **ヘルス**]	名	健康，健康状態
☐ healthy ☐ [hélθi **ヘルスィ**]	形	健康によい，健全な
◇ **second** ◇ [sékənd **セカンド**]	副	2番目に，第2に

return
[ritə́:rn リ**ターン**]
動 帰る；返す

report
[ripɔ́:rt リ**ポート**]
名 報告，報告書

教 pp.26~27

I have three **reasons**.
私には**理由**が３つあります。

First, I like fresh vegetables.
第一に，私は新鮮な野菜が好きです。

Fresh food is important for our **everyday** lives and **health**.
新鮮な食物は私たちの**毎日の**生活と**健康**にとって大切です。

I want to grow **healthy** and organic vegetables for everyone.
私は**健康によい**有機栽培の野菜をみんなのために育てたいのです。

Second, I am interested in technology.
第２に，私は科学技術に興味があります。

drone [dróun ドロウン]	名	ドローン ★無人航空機のこと ■複数形は drones	
monitor [mánətər マニタ]	動	監視する	
crop [kráp クラプ]	名	農作物，作物 ■複数形は crops	
sensor [sénsər センサ]	名	センサー，（光・温度などの）感知装置 ■複数形は sensors	
collect [kəlékt コレクト]	動	集める，収集する	
data [déitə デイタ]	名	データ，資料；情報	
a [ə ア]	冠	…につき	
improve [imprú:v インプルーヴ]	動	よりよくする，改良する，改善する	

third [θə́:rd サード]	副	3 番目に
way [wéi ウェイ]	名	方法，やり方，ふう
bring *together ...*		…を集める，知り合わせる

For example, farmers use drones to monitor crops and sensors to collect data twenty-four hours a day.

たとえば，農場経営者は**農作物**を**監視する**ために**ドローン**を使ったり，**データ**を**集める**ために**センサー**を 1 日 24 時間使っています。

I want to learn technology to improve farming.

私は農業を**よりよくする**ために科学技術について学びたいと思っています。

Third, I think that farming is a way to bring people together.

第 3 に，農場経営は人々を**結びつける** 1 つの**方法**だと思っています。

◇ **other** ◇ ◇ [ʌ́ðər **アザ**]	形	ほかの，別の
□ visitor □ [vízətər **ヴィズィタ**]	名	訪問者；観光客 ■複数形は visitors
□ **near** □ [níər **ニア**]	副	近く，近くに
□ **such** □ [sʌ́tʃ **サチ**]	形	そのような
◇ **as** ◇ ◇ [æz **アズ**]	前	…のような ★[such as …]の形で用いる
□ *such as …* □ □		たとえば…のような
□ tourist □ [túərist **トゥ**アリスト]	名	観光客，旅行者 ■複数形は tourists
□ harvest □ [há:rvəst **ハ**ーヴェスト]	動	(作物を)収穫する，刈り入れる ■過去形・過去分詞は harvested
□ **over** □ [óuvər **オ**ウヴァ]	前	…しながら
□ **become** □ [bikʌ́m **ビカム**]	動	…になる
□ **became** □ [bikéim **ビケイム**]	動	become(…になる)の過去形

One day, I worked at a farm with other visitors from near and far, such as families, students, and tourists.

ある日，私は，家族や学生，**旅行者のような**，近隣や遠くからきた**ほかの訪問者**と一緒に農場で働きました。

We harvested some vegetables together.

私たちは一緒に野菜を**収穫しました**。

Over lunch, we talked about the day's experiences and became friends.

昼食を食べ**ながら**，私たちはその日体験したことについて話し，友だち**になりました**。

◇◇◇ **short** [ʃɔ́ːrt **ショート**]	名	手短に言うと，要約すると ★in short で用いる	
□□□ *in short*		要約すると	
◇◇◇ **with** [wíð **ウィズ**]	前	…を使って，…で ★手段・道具・材料・内容を表す	
□□ combine [kəmbáin コンバイン]	動	結合する，一緒にする [なる]	
◇◇ **love** [lʌ́v **ラヴ**]	名	愛，愛する気持ち	
□□ interest [íntərəst **イン**タレスト]	名	興味，関心	
□□ connect [kənékt **コネクト**]	動	結びつける，つなぐ	
□□ ideal [aidíːəl アイ**ディー**アル]	形	理想的な	
◇◇◇ **for** [fɔ́ːr **フォー**]	前	…にとって ★視点を表す	

In short, **with** farming I can **combine** my **love** of good food, my **interest** in technology, and my wish to **connect** people.

要約すると，農場経営で私はおいしい食物に対する私の**愛情**と，科学技術に対する**興味**と，そして人々を**結びつけ**たいという願いを一緒にすることができるのです。

Farming is an **ideal** job **for** me.

農場経営は私**にとって理想の**職業です。

Project 1　将来の夢を紹介しよう

◇◇ **hello**
[helóu　ヘロウ]
間　やあ，こんにちは；〔電話で〕もしもし

□ **tell**
[tél　テル]
動　言う，話す；知らせる，教える

□ singer
[síŋər　スィンガ]
名　歌手

□ lyric
[lírik　リリク]
名　歌詞
■複数形は lyrics

◇◇ sweet
[swíːt　スウィート]
形　(かおりなどが)こころよい，美しい

□ charity
[tʃǽrəti　チャリティ]
名　慈善

□ *do one's best*
全力を尽くす

□ invent
[invént
インヴェント]
動　発明する

□ tool
[túːl　トゥール]
名　(職人などが手で用いる)道具，工具；
(一般に仕事に必要な)道具，手段
■複数形は tools

◇◇ favorite
[féivərət
フェイヴァリト]
名　お気に入り(のもの)

◇◇ hard
[háːrd　ハード]
副　いっしょうけんめいに，熱心に

Hello, everyone.
こんにちは，みなさん。

I am going to **tell** you about my dream.
私は自分の夢について**お話し**します。

I want to be like my favorite **singer**, Yuki.
私は大好きな**歌手**の Yuki のようになりたいです。

The **lyrics** are beautiful, and the melodies are **sweet**.
歌詞が美しく，そしてメロディーが**心地よい**のです。

She often does volunteer work and performs at **charity** concerts.
彼女はよくボランティア活動をして**チャリティー**コンサートで公演をしています。

I will **do my best** to be like Yuki.
私は Yuki のようになるために**全力を尽くします**。

My dream is to **invent** something new.
私の夢は新しいものを**発明する**ことです。

In the story, the characters use amazing **tools**.
その話では，キャラクターたちがびっくりするような**道具**を使います。

My **favorite** is the time machine.
私の**お気に入りのもの**はタイムマシンです。

I am going to study **hard**.
私は**いっしょうけんめいに**勉強するつもりです。

51

Take Action! Listen 2　チャリティーのお知らせ

president [prézədənt プレ**ズ**ィデント]	名	会長，代表
announcement [ənáunsmənt ア**ナ**ウンスメント]	名	発表；アナウンス
toy [tɔ́i　**トイ**]	名	おもちゃ

Take Action! Talk 2　それはいい案だね

idea [aidíːə　アイ**ディ**ーア]	名	(ふとした)思いつき，考え，アイデア；意見； 見当，想像 ■複数形はideas
along [əlɔ́ːŋ　ア**ロ**ーング]	前	(道・川など)に沿って
community [kəmjúːnəti コ**ミュ**ーニティ]	名	(地域)社会；生活共同体
agree [əgríː　アグ**リ**ー]	動	(意見が)一致する；同意する，賛成する
with [wíð　**ウィ**ズ]	前	…に賛成して，…とよく合って ★一致・協調を表す
no [nóu　**ノ**ウ]	形	無の，1つも…ない～
doubt [dáut　**ダ**ウト]	名	疑い，疑念 ❶-btのbは発音しない

52

novel [nɑ́vəl　**ナ**ヴェル]	名	(長編の)小説
board [bɔ́ːrd　**ボード**]	名	板；台 ❶bored（退屈した）と同じ発音
◇ **game** ◇ [géim　**ゲイム**]	名	(一定のルールを持った)ゲーム，遊び
puzzle [pʌ́zl　**パ**ズル]	名	なぞ，パズル

Do you have any ideas?
何か**考え**はある？

This spring, I picked up trash along the Aoi River.
今年の春，あおい川**に沿って**ごみを拾ったんだ。

We can help our community.
私たちは**地域**の手助けができるね。

I agree with you.
私はあなた**に賛成です**。

I have no doubt.
(ある話題について) それは**まちがいない**です。

GET Plus 2　写真を撮ることは楽しい

◇ **it**
◇
◇ [ít　イト] 　　　　　　　代　〔あとに来るto do等を受ける用法〕

◇ **for**
◇
◇ [fɔ́:r　フォー] 　　　　　前　…にとって
　　　　　　　　　　　　　　★不定詞の意味上の主語を表す

Word Bank　It is ... (for A) to ～ . で使われることば

☐ **necessary**
☐ [nésəsèri　ネセセリ] 　　形　必要な

☐ **possible**
☐ [pásəbl　パスィブル] 　　形　可能な，実行できる

☐ **impossible**
☐ [impásəbl
インパスィブル] 　　　　　形　不可能な；ありえない

◇ **hard**
◇
◇ [há:rd　ハード] 　　　　　形　難しい，困難な

54

○ **It**'s fun **for** me to take pictures.
○ 私**にとって**写真を撮ることは楽しいです。

◇ **make**
◇ [méik メイク]
　　動　…する
　　★後ろの名詞の意味と組みあわせて用いる

□ essay
□ [ései エセイ]
　　名　随筆；(学校での)作文

◇ program
◇ [próugræm
　プロウグラム]
　　動　(コンピューターの)プログラムを作る

単語ノート

president 教 p.32/ 本書 p.52

presidentは「pre(前に)side(すわる)ent(人)」から，国や組織の「長(おさ)」を表します。ここから，時にPresidentと大文字からはじめて「大統領」という意味になります。また，presidentは会社や銀行，大学などの代表のこともさしますので，日本語ではそれに応じた適切な名称を使うことになります。presidentの根本の意味である「組織の長」を覚えておき応用しましょう。

the President of Brazil　(ブラジル大統領)
run for President　(大統領に立候補する)
the president of the student council　(生徒会長)
the president of NHK　(NHK会長)

CHECK IT OUT!

Lesson 2 GET Part 1
教 pp.21~23

(1) _____	すぐに，まもなく
(2) _____	なぜ，どうして
(3) _____	何か，あるもの
(4) _____	通る，合格する
(5) _____	医者
(6) o _____	有機栽培の
(7) f _____	農業，農場経営
(8) t _____	旅行する，旅をする
(9) e _____	技師，エンジニア
(10) v _____	声
(11) i _____	通訳者
(12) a _____	外国へ〔に，で〕
(13) o _____	海の向こうに，海外へ
(14) p _____	画家，絵をかく人
(15) That's _____.	そのとおり。

① 月 日 ／15点	② 月 日 ／15点	③ 月 日 ／15点

Lesson 2 GET Part 2
教 pp.24~25

(1) _____	市，市場
(2) _____	売る，売っている
(3) _____	育つ，栽培する
(4) _____	もっとよい
(5) _____	宇宙
(6) _____	忘れる

(7)		…なしで，…のない
(8)	h	幸福
(9)	a	手に入れる，達成する
(10)	d	毎日の，日常の
(11)	s	さがす，調べる
(12)	o	オンラインで
(13)	s	字幕
(14)	e	練習(問題)，運動
(15)	r	帰る，返す
(16)	r	報告，報告書

① 月 日 ／16点	② 月 日 ／16点	③ 月 日 ／16点

Lesson 2 USE Read
pp.26~27

(1)		理由，わけ
(2)		健康，健康状態
(3)		集める，収集する
(4)		方法，やり方
(5)		近く，近くに
(6)		そのような
(7)		…しながら
(8)		「…になる」の過去形
(9)		…になる
(10)	e	毎日の，日常の
(11)	h	健康によい，健全な
(12)	m	監視する

CHECK IT OUT!

(13)	c _____	農作物，作物
(14)	s _____	センサー
(15)	d _____	データ
(16)	i _____	よりよくする，改善する
(17)	v _____	訪問者，観光客
(18)	t _____	観光客，旅行者
(19)	h _____	収穫する
(20)	c _____	結合する
(21)	i _____	興味，関心
(22)	c _____	結びつける，つなぐ
(23)	i _____	理想的な
(24)	bring _____ ...	…を集める，知り合わせる
(25)	_____ as ...	たとえば…のような
(26)	in _____	要約すると

① 月 日 ／26点	② 月 日 ／26点	③ 月 日 ／26点

Project 1   📖 pp.28~31

(1)	_____	言う，話す，教える
(2)	l _____	歌詞
(3)	c _____	慈善
(4)	i _____	発明する
(5)	t _____	道具，手段

① 月 日 ／5点	② 月 日 ／5点	③ 月 日 ／5点

58

Take Action! Listen 2

(1)		板, 台
(2)	p	会長
(3)	a	発表, アナウンス
(4)	t	おもちゃ
(5)	n	小説
(6)	p	なぞ, パズル

①	月	日	／6点	②	月	日	／6点	③	月	日	／6点

Take Action! Talk 2

(1)		思いつき, アイデア
(2)		…に沿って
(3)		一致する, 賛成する
(4)		疑い, 疑念
(5)	c	地域社会

①	月	日	／5点	②	月	日	／5点	③	月	日	／5点

Word Bank

(1)		可能な, 実行できる
(2)	n	必要な
(3)	i	不可能な, ありえない
(4)	e	随筆, 作文

①	月	日	／4点	②	月	日	／4点	③	月	日	／4点

GET Part 1

◇ **drop** ◇ [dráp ドラプ]	名	しずく，したたり
count [káunt カウント]	動	数える，計算する；重要である ■3単現はcounts
◇ **there** ◇ [ðéər ゼア]	副	…がある，…がいる ★〔There is [are] ...〕の形で用いて
sign [sáin サイン]	名	標識，看板
◇ **over** ◇ [óuvər オウヴァ]	副	向こう〔こちら〕（側）へ ★距離感を表す
over there		向こうに，あそこに
◇ **top** ◇ [táp タプ]	名	一番上の部分，頂上，てっぺん
round [ráund ラウンド]	形	丸い，円形の
valley [væli ヴァリ]	名	谷（間），渓谷，山あい
finally [fáinəli ファイナリ]	副	ついに；最後に
◇ **of** ◇ [áv アヴ]	前	…から（出た），…のために ★起源・原因を表す
because of...		…のために
fog [fɔ́:g フォーグ]	名	霧，もや

Every Drop Counts
「どの**一滴**にも**価値がある**」

✪**There** is a **sign over there**.
　向こうに**標識**がありますよ。

We're almost at the **top**.
もうほとんど**頂上**です。

✪There are two **round** lakes in the **valley**.
　谷間に**丸い**湖が２つあります。

We made it, **finally**.
やっと着きました。

Oh no, we can't see anything. — It's **because of** the **fog**.
そんな，何も見えません。—**霧のせい**ですね。

◇ **of** ◇ [áv **アヴ**]	前	…で(できている)，…製の ★原材料・構成要素を表す
cloud [kláud **クラウド**]	名	雲，もうもうとしたもの ■複数形は clouds
there's [ðéərz **ゼアズ**]		there is の短縮形

one of …		…の1つ，1人
unique [ju:ní:k **ユーニーク**]	形	独特な，とても珍しい
cute [kjú:t **キュート**]	形	かわいい
cafe [kæféi **キャフェイ**]	名	(軽い食事のできる)レストラン，カフェ

GET Part 2

hike [háik **ハイク**]	動	ハイキングをする ■-ing形は hiking
excellent [éksələnt **エ**クセレント]	形	優れた，たいへんよい
wood [wúd **ウド**]	名	小さな森，林 ★しばしば複数形の woods で用いる

Well, it's beautiful like a sea **of clouds**.
まあ，**雲の**海みたいできれいですね。

There are two libraries in our town. In **one of** them, you can read many Japanese manga.
私たちの町には2つの図書館があります。それら**の1つ**ではたくさんの日本の漫画を読むことができます。

bookshelf	名	本だな
[búkʃèlf **ブク**シェルフ]		
chair	名	いす
[tʃéər **チェ**ア]		★一人用で背のあるもの；背のないものは stool
		■複数形は chairs
racket	名	ラケット
[rǽkət **ラ**ケト]		■複数形は rackets

教 pp.42~43

✿Did you enjoy **hiking** this morning?
今朝の**ハイキング**は楽しかったですか。

It was **excellent**.
すばらしかったです。

✿Walking in the **woods** was fun.
森の中を歩くのは楽しかったです。

☐☐ moist [mɔ́ist **モイスト**]	形	湿気のある；しっとりした
☐☐ air [éər **エア**]	名	空気，大気
◇◇◇ cool [kúːl **クール**]	動	冷やす；冷える ■3単現は cools
◇◇◇ down [dáun **ダウン**]	副	(数量・程度・質などが)下がって
☐☐ *a lot of ...*		たくさんの…

☐☐ mystery [místəri **ミスタリ**]	名	推理小説，ミステリー
◇◇◇ with [wíð **ウィズ**]	前	…と，…に(対して) ★相手・対応を表す
☐☐ grader [gréidər **グレイダ**]	名	…年生，…学年の生徒 ■複数形は graders

USE Read Warka Water Project

☐☐ however [hauévər **ハウエヴァ**]	副	しかしながら，だが
☐☐ part [páːrt **パート**]	名	部分；地域；地方 ■複数形は parts
☐☐ enough [ináf **イナフ**]	形	(必要を満たすのに)十分な

When warm **moist air cools down** at night, it
becomes fog.
暖かく**湿った空気**が夜に**冷える**と，霧になるんですよ。

✿ Playing soccer is **a lot of** fun.
サッカーをすることは**とても**楽しいです。

I enjoy reading **mystery** books.
私は**推理小説**の本を読んで楽しみます。

knit	動	編む	
[nít ニト]		❶語頭のkは発音しない	
star	名	星	
[stá:r スター]		■複数形はstars	

📖 pp.44~45

However, in many **parts** of the world, there is not
enough clean water.
しかしながら，世界の多くの**地域**では，**十分な**きれいな水がありません。

☐☐☐	Warka Water Project [wɔ́:rkə wɔ̀:tər prɑ̀dʒekt **ウォーカ ウォータ プラヂェクト**]	名	ワルカ・ウォーター・プロジェクト
☐☐☐	Warka Tower [wɔ́:rkə tàuər **ウォーカ タウア**]	名	ワルカ・タワー
☐☐	natural [nǽtʃərəl **ナチュラル**]	形	天然の，自然の
☐☐	process [prɑ́ses **プラセス**]	名	過程；製法 ■複数形は processes
☐☐	**provide** [prəváid **プロヴァイド**]	動	供給する，与える
☐☐	liter [lí:tər **リータ**]	名	リットル ★容積の単位 ■複数形は liters
☐☐	rainwater [réinwɔ̀:tər **レインウォータ**]	名	雨水
☐☐	dew [djú: **デュー**]	名	露，しずく
☐☐	pot [pɑ́t **パト**]	名	つぼ

One project to solve this problem is the Warka Water Project.

この問題を解決するための1つのプロジェクトが，**ワルカ・ウォーター・プロジェクト**です。

A Warka Tower uses natural processes to provide people with 100 liters of clean water every day.

ワルカ・タワーは，毎日 100 **リットル**のきれいな水を人々に**供給する**ために**自然の過程**を利用します。

It collects rainwater and dew in a pot at the bottom of the tower.

それは，**雨水**や**露**をタワーの下の**つぼ**に集めます。

vapor [véipər **ヴェイパ**]	名	蒸気，水蒸気
turn [tə́:rn **ターン**]	動	変わる，…になる ■3単現は turns
turn into ...		…に変わる
tiny [táini **タイニ**]	形	とても小さい
net [nét **ネト**]	名	網，ネット ■複数形は nets
come together		集まる
come into ...		…になる
large [lá:rdʒ **ラーヂ**]	形	大きい，広い；大規模な
point [pɔ́int **ポイント**]	名	要点；論点；(いい(悪い))点 ■複数形は points
simple [símpl **スィンプル**]	形	簡単な，わかりやすい
small [smɔ́:l **スモール**]	形	(数量が)少ない；小規模の；わずかな
build [bíld **ビルド**]	動	建てる，造る

The water **vapor** in fog **turns into tiny** drops of water on **nets**.

霧の中の**水蒸気**は，網の上で**小さな水滴に変わります**。

The tiny drops **come together into large** water drops and fall into the pot.

この小さな水滴が**集まって大きな水滴となり**，つぼの中に落ちるのです。

The tower has many good **points**.

タワーにはよい**点**がたくさんあります。

It has a very **simple** design.

それはとても**簡単な**設計です。

A **small** team of people can **build** it in just one day.

少人数のチームで，それをたった１日で**建てる**ことができます。

eco-friendly [í:koufrèndli **イ**ーコウフレンドリ]	形	環境にやさしい
material [mətíəriəl マ**ティ**アリアル]	名	材料，原料 ■複数形は materials
bamboo [bæmbú: バンブー]	名	竹
fiber [fáibər **ファ**イバ]	名	繊維
rope [róup **ロ**ウプ]	名	(太い)綱，なわ ■複数形は ropes
◇ work [wə́:rk **ワ**ーク]	動	(機械などが)調子よく動く； (計画などが)うまくいく ■3単現は works
electricity [ilèktrísəti イレクト**リ**スィティ]	名	電気
◇ so [sóu **ソ**ウ]	接	そういうわけで，それで
◇ you [jú: **ユ**ー]	代	人は，だれでも ★一般の人々を指して述べるときに用いる
including [inklú:diŋ インク**ルー**ディング]	前	…を含めて
lack [lǽk **ラ**ク]	名	不足，欠乏
waste [wéist **ウェ**イスト]	動	むだに使う，浪費する；むだづかいする
energy [énərdʒi **エ**ナヂ]	名	エネルギー

To build the tower, they use eco-friendly materials such as bamboo and natural fiber ropes.
タワーを建てるには，竹や自然繊維のロープのような環境にやさしい素材を使います。

The tower works without electricity, so you can build it in many places.
タワーは電気なしで作動するので，たくさんの場所に建てることができます。

There are problems in all communities, including the lack of water.
あらゆる社会には，水不足を含めて問題があります。

It does not waste energy.
それはエネルギーを無駄にしません。

☐☐☐ solution [səlúːʃən ソルーション]	名	(問題などの)解決(策) ■複数形は solutions

USE Speak グループで話し合おう

☐☐ We Are the World [wíː aːr ðə wɔ́ːrld **ウィー** アー ザ **ワ**ールド]	名	ウィー・アー・ザ・ワールド ★曲の名前
☐☐ **heard** [hə́ːrd **ハ**ード]	動	hear(聞く)の過去形・過去分詞
☐☐ **else** [éls **エ**ルス]	副	ほかに
☐☐ hmm [hm **フ**ム]	間	ふうむ ★疑問・ためらい・不満などを表す
☐☐ heartwarming [háːrtwɔ̀ːrmiŋ **ハ**ートウォーミング]	形	心温まる
◇◇◇ **up** [ʌ́p **ア**プ]	副	最後まで，すっかり ★完了・完全を表す
☐☐ vote [vóut **ヴォ**ウト]	動	投票する

Let's work with nature, learn from it, and find **solutions**.
自然と共に働き，それから学び，そして**解決策**を見つけましょう。

教 p.46

How about "We Are the World"?
『**ウィー・アー・ザ・ワールド**』はどうでしょうか。

Well, I **heard** another group is going to sing it.
えーと，別のグループがその歌を歌う予定だと**聞きました**。

Let's choose something **else**.
何か**別に**選びましょう。

Hmm, do you have an idea, Kate?
うーん，何か考えはありませんか，ケイト？

It's a **heartwarming** song, but it's hard for me to remember the Japanese words.
それは**心温まる**歌ですが，私には日本語の歌詞を覚えるのが難しいです。

Well, time's **up**.
それでは，時間**切れ**になりました。

Let's **vote** for one, "We Are the World" or "Furusato".
『ウィー・アー・ザ・ワールド』か『故郷』のどちらかに**投票**しましょう。

USE Speak サイコロトークをしよう

☐☐ recommend [rèkəménd レコメンド]	動	推奨する，推薦する
☐☐ *thousands of ...*		非常にたくさんの…
☐☐ shelf [ʃélf シェルフ]	名	たな ■複数形は shelves
☐☐ gather [ɡǽðər ギャザ]	動	集まる，集める ■過去形・過去分詞は gathered
☐☐ parade [pəréid パレイド]	名	パレード，行列

GET Plus 3 魚釣りをしてはいけません

◇◇◇ say [séi セイ]	動	(本・手紙・掲示などに)…と書いてある ■3単現は says [séz]
☐☐ must [mʌ́st マスト]	助	…してはならない ★強い禁止を表し〔must not ...〕の形で用いる
◇◇ fish [fíʃ フィシュ]	動	魚をとる；釣りをする
☐☐ must [mʌ́st マスト]	助	…しなければならない ★必要・義務・命令を表す
☐☐ beware [biwéər ビウェア]	動	注意する
☐☐ rule [rúːl ルール]	名	規則，ルール ■複数形は rules

There aren't many places to visit in my town, but I **recommend** the manga library.
私の町には訪れるべき場所がたくさんはありませんが，私は漫画図書館を**おすすめします**。

There are **thousands of** new and old manga on the **shelves**.
本棚には，**とてもたくさんの**新しい漫画や古い漫画があります。

Last year people **gathered** in Wakaba Park and joined in a dance **parade**.
昨年は，人々がわかば公園に**集まって**，ダンス**パレード**に参加しました。

Wait, the sign **says** you **must** not **fish** here.
待って，看板に，ここで**魚釣りをしてはいけないと書いてある**よ。

Oh, it also says we **must beware** of snakes.
ああ，ヘビに**注意しなければいけない**とも書いてあるね。

What are the library **rules**?
図書館の**規則**は何ですか。

Word Bank　公園や図書館，交通のルールに関することば

grass [grǽs　グラス]	名	草，芝生
take [téik　テイク]	動	（手に取って）持って行く，連れて行く
rock [rák　ラク]	名	岩，岩石 ■複数形は rocks
loudly [láudli　ラウドリ]	副	大声で，騒々しく

☐☐ obey [oubéi　オウ**ベ**イ]	動	従う
☐☐ **traffic** [trǽfik　ト**ラ**フィク]	名	交通
☐☐ **double** [dʌ́bl　**ダ**ブル]	副	2人で；2倍に
☐☐ bicycle [báisikəl **バ**イスィクル]	名	自転車

単語ノート

double 教 p.49/ 本書 p.77

　doubleの基本の意味は「同じものあるいは似たもの2つからできている，を含む」で，「2倍の」「2人用の」「二重の」「対になった」（形容詞），「2倍（のもの）」「うり二つ」（名詞），「…を倍にする」「（紙などを）半分に折る」（動詞），「2人で」「2つ折りに」（副詞）などの意味があります。

Do you want to play a game of doubles?
（ダブルスの試合をしませんか。）

When we were riding double on a bike, the police officer stopped us. （自転車で2人乗りをしていたら警察官に止められました。）

I'm afraid I made a double booking.
（私は約束を二重にしてしまったようです。）

77

CHECK IT OUT!

Lesson 3 GET Part 1

📖 pp.39~41

(1)		丸い，円形の
(2)		かわいい
(3)		いす
(4)	c	数える，重要である
(5)	s	標識，看板
(6)	v	谷(間)
(7)	f	ついに，最後に
(8)	f	霧，もや
(9)	c	雲，もうもうとしたもの
(10)	u	独特な，とても珍しい
(11)	c	レストラン，カフェ
(12)	b	本だな
(13)		there isの短縮形
(14)	_____ there	向こうに，あそこに
(15)	_____ of ...	…のために

① 月 日 ／15点	② 月 日 ／15点	③ 月 日 ／15点

(1)		優れた，たいへんよい
(2)		空気，大気
(3)	h	ハイキングをする
(4)	w	小さな森，林
(5)	m	湿気のある，しっとりした
(6)	m	推理小説，ミステリー
(7)	g	…年生，…学年の生徒
(8)	k	編む
(9)	a _____ of ...	たくさんの…

① 月 日	／9点	② 月 日	／9点	③ 月 日	／9点

(1)		部分，地域
(2)		十分な
(3)		供給する，与える
(4)		大きい，広い
(5)		要点，点
(6)		簡単な，わかりやすい
(7)		建てる，造る
(8)		材料，原料
(9)		…を含めて
(10)	h	しかしながら，だが
(11)	n	天然の，自然の
(12)	p	過程，製法

CHECK IT OUT!

(13)	p _____	つぼ
(14)	v _____	蒸気，水蒸気
(15)	t _____	とても小さい
(16)	n _____	網，ネット
(17)	b _____	竹
(18)	f _____	繊維
(19)	e _____	電気
(20)	l _____	不足，欠乏
(21)	w _____	むだに使う，浪費する
(22)	s _____	解決（策）
(23)	turn _____ ...	…に変わる
(24)	_____ into ...	…になる

① 月 日	／24点	② 月 日	／24点	③ 月 日	／24点

Lesson 3 USE Speak

📖 p.46

(1)	_____	「聞く」の過去形・過去分詞
(2)	_____	ほかに
(3)	h _____	心温まる
(4)	v _____	投票する

① 月 日	／4点	② 月 日	／4点	③ 月 日	／4点

Lesson 3 USE Speak

(1) r _____ 推奨する，推薦する

(2) s _____ たな

(3) g _____ 集まる，集める

(4) p _____ パレード，行列

① 月 日	／4点	② 月 日	／4点	③ 月 日	／4点

GET Plus 3

教 p.48

(1) _____ …しなければならない

(2) _____ 規則，ルール

① 月 日	／2点	② 月 日	／2点	③ 月 日	／2点

Word Bank

教 p.49

(1) _____ 交通

(2) _____ 2人で，2倍に

(3) g _____ 草，芝草

(4) r _____ 岩，岩石

(5) l _____ 大声で

(6) o _____ 従う

① 月 日	／6点	② 月 日	／6点	③ 月 日	／6点

Lesson 4 ▶ Uluru GET Part 1

GET Part 1

☐☐ Uluru [úːlurùː ウールルー]	名	ウルル ★エアーズ・ロックのオーストラリア先住民による呼び名
☐☐ **spend** [spénd スペンド]	動	(時間を)過ごす, 費やす
◇◇ **time** [táim **タ**イム]	名	(過ぎていく)時, 時間；必要な時間
☐☐ aunt [ǽnt **ア**ント]	名	おば
☐☐ **invite** [inváit イン**ヴァ**イト]	動	招待する, 招く ■過去形・過去分詞は invited
☐☐ Sydney [sídni **ス**ィドニ]	名	シドニー ★オーストラリア最大の都市
☐☐ coat [kóut **コ**ウト]	名	コート, 上着
☐☐ *middle of ...*		…の真ん中, 中頃
☐☐ crane [kréin ク**レ**イン]	名	ツル
◇◇ **way** [wéi **ウェ**イ]	名	(…へ行く)道
☐☐ guidebook [gáidbùk **ガ**イドブク]	名	観光案内書, ガイドブック；手引き

Uluru
「ウルル」

How did you **spend** your **time** in Australia?
オーストラリアでは**時間**をどんなふうに**過ごした**の？

My **aunt invited** me to her home in **Sydney**.
おばさんが**シドニー**の家に私を**招待してくれた**んだ。

You're wearing a **coat** and gloves.
コートを着て，手袋をしているね。

It was the **middle of** winter there.
オーストラリアは冬**の真っただ中**だったよ。

□ chart	名	図表，グラフ
□ [tʃɑ́ːrt **チャート**]		

GET Part 2

☐☐☐ giant [dʒáiənt **ヂャイアント**]	形	巨大な
☐☐☐ Anangu [á:na:ŋu: **アーナンウー**]	名 形	アナング族(の)，アナング人(の) ★オーストラリアの先住民。the をつけて用いる
☐☐☐ native [néitiv　**ネイティヴ**]	形	その土地〔国〕に生まれた〔育った〕
◇◇◇ **people** [pí:pl　**ピープル**]	名	国民，民族，〜人
◇◇◇ **call** [kɔ́:l　**コール**]	動	(…を〜と)呼ぶ，(…を〜と)みなす ★〔call ... 〜〕の形で用いる ■過去形・過去分詞はcalled
☐☐ British [brítiʃ　**ブリティシュ**]	形	英国(人)の，イギリス(人)の
☐☐ explorer [iksplɔ́:rər **イクスプローラ**]	名	探検家，探検者 ■複数形はexplorers
◇◇◇ **name** [néim　**ネイム**]	動	名づける，命名する ■過去形・過去分詞はnamed
☐☐ Ayers Rock [éərz rák **エアズ ラク**]	名	エアーズ・ロック ★先住民の名前ではUluru
☐☐ hurt [hə́:rt　**ハート**]	動	(肉体・感情などを) 傷つける ■過去形・過去分詞はhurt
◇◇◇ respect [rispékt　**リスペクト**]	動	尊重する
☐☐ tradition [trədíʃən **トラディション**]	名	伝統，慣習，しきたり ■複数形はtraditions

This **giant** rock is very special to the **Anangu**, the
native people.
この**巨大な**岩は，**先住民**である**アナング族**にとって，とても特別なものです。

✪ They **called** it Uluru.
彼らはそれ**を**ウルル**と呼んでいました。**

✪ When **British explorers** saw it in 1873, they
named it **Ayers Rock**.
1873 年に**イギリスの探検家たち**がそれを見たとき，**エアーズ・ロック
と名づけました。**

✪ This **hurt** the Anangu and made them sad.
このことはアナング族を**傷つけ，**悲しませました。

✪ Now many people call it Uluru to **respect** the
Anangu's **traditions**.
今では，多くの人々がアナング族の**伝統**を**尊重して，**それをウルルと呼
んでいます。

Thomas [táməs **タ**マス]	名	トマス ★男性の名前

glad [glǽd **グラ**ド]	形	(人が)うれしい, うれしく思う
grumpy [grʌ́mpi **グラ**ンピ]	形	気難しい
confused [kənfjúːzd コン**フューズ**ド]	形	困惑した, 戸惑った
Jack [dʒǽk **チャ**ク]	名	ジャック ★男性の名前;Johnの愛称

USE Read Uluru

look like ...		…のように見える
actually [ǽktʃuəli **ア**クチュアリ]	副	実際に(は), 実は, (まさかと思うかもしれないが)本当に
◇ day ◇ [déi **デ**イ]	名	昼間, 日中
sunrise [sʌ́nràiz **サ**ンライズ]	名	日の出, 朝焼け
sunset [sʌ́nsèt **サ**ンセト]	名	日没, 夕焼け

○○○ ✪ This is my friend, Thomas. We call him Tom.
こちらは私の友だちの**トマス**です。私たちは彼をトムと呼びます。

☐☐ Bob		名	ボブ
	[báb バブ]		★男性の名前；Robert の愛称
☐☐ Jenny		名	ジェニー
	[dʒéni チェニ]		★女性の名前；Jane の愛称
☐☐ Beth		名	ベス
	[béθ ベス]		★女性の名前；Elizabeth の愛称

教 pp.56~57

○○○ Uluru looks like a mountain, but it is actually a very big rock.
ウルルは山**のように見えます**が，**実は** 1 枚のとても大きな岩です。

○○ During the day, its color is brown.
日中，ウルルの色は茶色です。

○○○ However, at sunrise and sunset, it looks red.
しかしながら，**日の出**と**日暮れ**には赤く見えます。

attract [ətrǽkt アトラクト]	動	引きつける ■3単現はattracts
UNESCO [ju:néskou ユーネスコウ]	名	ユネスコ
heritage [hérətidʒ ヘリティヂ]	名	(文化的・歴史的な)遺産
site [sáit サイト]	名	敷地；(重大なできごとが)行われた〔行われる〕場所，遺跡 ■複数形はsites
World Heritage Site [wɚ́:rld hérətidʒ sáit ワールド ヘリティヂ サ イト]	名	世界遺産(登録地)
sacred [séikrəd セイクレド]	形	神聖な
ancestor [ǽnsestər アンセスタ]	名	祖先，先祖 ■複数形はancestors
area [éəriə エアリア]	名	(大小さまざまの)地域，地方
around [əráund アラウンド]	前	…のあたりに〔で〕
over [óuvər オウヴァ]	前	…を超えて，…より多く，…以上(で〔の〕) ★数量を表す

The park **attracts** many tourists and is now a
UNESCO World Heritage Site.
その公園は多くの観光客を**魅了し**，今では**ユネスコの世界遺産**となっています。

To the native people, the Anangu, the rock is a
sacred place.
先住民であるアナング族にとっては，その岩は**神聖な**場所です。

It is the place of their **ancestors**.
それは彼らの**祖先**の場所なのです。

They started living in the **area around** the rock
over 40,000 years ago.
彼らは４万年**以上**前にその岩**周辺の場所**に住み始めました。

law [lɔː **ロー**]	名	法律
protect [prətékt **プロテクト**]	動	保護する，守る
deeply [díːpli **ディープリ**]	副	非常に，強く；深く
itself [itsélf **イトセ**ルフ]	代	それ自身を〔に〕； 〔直前の語を強めて〕それ自身
everything [évriθìŋ **エ**ヴリスィング]	代	すべてのこと〔もの〕 ★単数として扱う
welcome [wélkəm **ウェ**ルカム]	動	歓迎する，迎える
culture [kʌ́ltʃər **カ**ルチャ]	名	文化
society [səsáiəti ソ**サ**イアティ]	名	社会
consider [kənsídər コン**スィ**ダ]	動	よく考える，熟慮する
before [bifɔ́ːr ビ**フォー**]	接	…する前に
act [ǽkt **アク**ト]	動	行動する
instead [instéd インス**テ**ド]	副	(その)代わりに

The Anangu have a traditional **law** to **protect** the sacred sites.
アナング族には，その神聖な場所を**守る**ための伝統的な**法律**があります。

They **deeply** respect the rock **itself** and **everything** around it.
彼らは岩**それ自体**と，その周りにある**すべてのもの**を**深く**敬っています。

The Anangu **welcome** you to Uluru.
アナング族はあなたがウルルに来ることを**歓迎します**。

They will also share their **culture** and **society** with you.
彼らの**文化**と**社会**についてもあなたと共有してくれるでしょう。

Please **consider** their traditions **before** you **act**.
行動する前に，彼らの伝統について**よく考え**てください。

Instead, you can walk around Uluru.
代わりに，ウルルの周りを歩くことができます。

☐☐ consideration [kənsìdəréiʃən コンスィダ**レ**イション]	名	考慮；思いやり
◇ **stay** ◇ [stéi **ス**テイ]	名	滞在

USE Write　行ってみたい国についてエッセイを書こう

☐☐ Brazil [brəzíl　プラ**ズィ**ル]	名	ブラジル ★南米の共和国；首都はブラジリア；公用語はポルトガル語
☐☐ skill [skíl　ス**キ**ル]	名	技術，技能 ■複数形は skills
◇ **up** ◇ [ʌp　**ア**プ]	副	…の方へ，…へ，…に近づいて ★接近を表す
☐☐ Amazon [ǽməzàn　**ア**マザン]	名	アマゾン川 ★南米にある大河。the をつけて用いる
☐☐ jungle [dʒʌ́ŋgl　**チャ**ングル]	名	(熱帯地方の)密林
◇ hike ◇ [háik　**ハ**イク]	名	ハイキング ■複数形は hikes
☐☐ guide [gáid　**ガ**イド]	名	案内人，ガイド ■複数形は guides
☐☐ plant [plǽnt　プ**ラ**ント]	名	植物，草木 ■複数形は plants

Your **consideration** will make the Anangu happy
and make your **stay** in the park better.
あなたの**思いやり**がアナング族を幸せにし，あなたの公園での**滞在**をよりよ
いものにするでしょう。

教] pp.58~59

Brazil
「**ブラジル**」

They will teach me some soccer **skills**.
彼らはサッカーの**技術**を私に教えてくれるでしょう。

Second, I want to travel **up** the **Amazon** and go on
jungle hikes.
第2に，私は**アマゾン川の上流へ**行き，**ジャングルのハイキング**をしたい
です。

Guides will show me the amazing **plants** and
animals of the jungle.
ガイドがジャングルの驚くべき動**植物**を私に見せてくれるでしょう。

Take Action! Listen 3　空港のアナウンス

gate [géit　**ゲイト**]	名	門；(飛行場の)搭乗口，ゲート
flight [fláit　**フライト**]	名	飛行；飛行機の旅
page [péidʒ　**ペイヂ**]	動	呼び出す ■-ing形はpaging
immediately [imí:diətli **イミーディエトリ**]	副	すぐに，ただちに

Take Action! Talk 3　何が起きたの？

camp [kǽmp　**キャンプ**]	動	キャンプする ■-ing形はcamping
accident [ǽksədənt **ア**クスィデント]	名	事故；偶然の出来事
row [róu　**ロウ**]	動	(舟をオールで)こぐ ■-ing形はrowing
boat [bóut　**ボウト**]	名	ボート，小舟
see [sí:　**スィー**]	動	考える，見てみる；調べる
Let's see.		えーと，そうですね
let [lét　**レト**]	動	(Aに)…させる
Let me think.		えーと，そうですね

□ boarding □ [bɔ́:rdiŋ **ボーディング**]	名	乗船，搭乗
□ passenger □ [pǽsəndʒər **パセンヂャ**]	名	(列車・バス・飛行機などの)乗客
◇ **before** ◇ [bifɔ́:r ビフォー]	前	…の前に〔の〕，…より先に ★時間を表す

I went **camping** with my family.
ぼく，家族と**キャンプ**に行ったんだ。

Well, I enjoyed it, but I had an **accident**.
ええと，楽しんだけど，**災難**だったよ。

Um, my wallet fell in the lake when I was **rowing** a **boat**.
うーん，**ボート**を**こ**いでいるときに，湖に財布を落としてしまったんだ。

□ *How do [did]* □ *you like ...?*		…はいかがですか〔でしたか〕
◇ **more** ◇ [mɔ́:r **モー**]	代	もっと多くの物〔人，事，量〕

GET Plus 4 宿題をしなければなりません

turn in ...		…を提出する
until [əntíl アン**ティ**ル]	前	…まで(ずっと)
note [nóut **ノ**ウト]	名	覚書き，メモ ■複数形はnotes

Word Bank いろいろな動作

worksheet [wə́ːrkʃìːt **ワ**ークシート]	名	(試験の)問題用紙
finish [fíniʃ **フィ**ニシュ]	動	終わらせる，終わる
express [iksprés イクス**プレ**ス]	動	表現する，言い表す
feeling [fíːliŋ **フィ**ーリング]	名	感情，気持ち ■複数形はfeelings
greet [gríːt グ**リ**ート]	動	あいさつする

We have to write an essay, but we don't have to **turn it in until** Monday.
エッセイを書かなければならないけど，それは月曜日**まで提出する**必要はないよ。

We have to take **notes**.
私たちは**ノート**をとらなければなりません。

guest ［gést　**ゲスト**］	名	（招かれた）客；（ホテルの）泊り客 ■複数形は guests
raise ［réiz　**レイズ**］	動	上げる，持ち上げる
hand ［hǽnd　**ハンド**］	名	手
uniform ［jú:nəfɔ̀:rm **ユーニフォーム**］	名	制服

READING FOR FUN 1 A Pot of Poison

be back		帰る，戻る
few [fjúː **フュー**]	形	〔a few で〕少数の，少しの；〔few で〕少数の(…しかない)，少しの(…しかない) ★「数」について用いる
a few ...		少数の…
yes [jés **イエス**]	副	はい ★呼びかけなどを受けて用いる
master [mǽstər **マスタ**]	名	主人，住職，和尚
poison [póizn **ポイズン**]	名	毒，毒薬
worry [wə́ːri **ワーリ**]	動	心配する，気をもむ
Don't worry.		心配しないで。

I'll **be back** in **a few** hours.
わしは**数**時間後に**戻ってくる**よ。

Yes, **Master**.
はい，和尚様。

Don't open the pot. It's full of poison.
そのつぼを開けてはいけない。それは**毒**でいっぱいだぞ。

Don't worry, Master.
ご心配なく，和尚様。

単語ノート

a few と **few** 教 p.66/ 本書 p.98

　few（形容詞と代名詞の意味があります）は人やものの数について「少数（の…）」をさし，数がわずかであることを表します。複数形の名詞を続けて，a few ... は「少しは…がある」，few ... は「少しの…しかない，ほとんどない…」という意味です。どちらを使うかは，明確な基準があるわけではありません。話し手の心理や意図に依拠します。

　You made a few mistakes in the test.

　（あなたはテストで少しではあるけれど間違いをした。）

　Few people want to talk about it.

　（それについて話したい人はほとんどいません。）

READING FOR FUN 1   A Pot of Poison

shall [ʃǽl シャル]	助	(私(たち)は)…しましょうか ★〔Shall I〔we〕…?〕の形で用いる
Shall we ...?		…しましょうか。
room [rú:m ルーム]	名	部屋，室
Yes, let's.		そうしよう。
wipe [wáip ワイプ]	動	(…の表面を)ふく，ぬぐう
mean [mí:n ミーン]	動	(人が)…のことを言う
shut [ʃʌ́t シャト]	動	(ドアなどを)しめる，閉じる
check [tʃék チェク]	動	確認する，調べる
check out ...		…を調べる
stuff [stʌ́f スタフ]	名	もの
smell [smél スメル]	動	(…の)においがする ■3 単現は smells
some [sʌ́m サム]	代	いくらか，多少，何人か
have [hǽv ハヴ]	動	食べる
You're right.		そのとおり。

Shall we clean the **room?**
部屋を掃除**しようか**。

Yes, let's.
そうだ，そうしよう。

I'll **wipe** the floor.
ぼくは床を**ふく**よ。

What do you **mean?**
何を**言っている**の？

Give the pot to me, and **shut** the door.
そのつぼをぼくに渡して。ふすまを**閉めて**。

I'll **check** it out.
調べてみるよ。

There's brown **stuff** in it.
何か茶色い**もの**が入っているよ。

It **smells** nice.
いい**においがする**。

I'll try **some**.
ちょっと食べてみよう。

Have some.
少し**食べてみて**。

You're right.
本当だ。

☐☐ sugar [ʃúgər **シュガ**]	名	砂糖

☐☐ empty [émpti **エンプティ**]	形	からの；だれもいない ⇔full 形 満ちた
☐☐ *be in trouble*		トラブルに巻き込まれている
☐☐ minute [mínət **ミヌト**]	名	（時間の）分；〔a minute で〕ちょっとの間
☐☐ *Wait a* *minute.*		ちょっと待って。
☐☐ break [bréik **ブレイク**]	動	壊す，割る
◇◇ must ◇ [mʌst **マスト**]	助	…に違いない ★断定的推量を表す
◇◇ be ◇ [bíː **ビー**]	助	…している ★〔be ＋動詞の-ing形〕の形で進行形を作る
☐☐ kid [kíd **キド**]	動	冗談を言う，からかう ■-ing形は kidding
☐☐ *You must be* *kidding.*		冗談だろう。
☐☐ believe [bəlíːv **ビリーヴ**]	動	信じる
☐☐ broke [bróuk **ブロウク**]	動	break（割る）の過去形

It's **sugar**!
砂糖だ。

教 p.68

Oh no, the pot is **empty**!
どうしよう，つぼは**からっぽ**だ！

We're **in trouble**.
困ったなあ。

Wait a minute.
ちょっと待って。

Let's **break** his special plate.
彼の特別なお皿を**割ろ**う。

You must be kidding!
冗談でしょ！

I can't **believe** you **broke** it.
お皿を**壊しちゃった**なんて**信じ**られないよ。

103

READING FOR FUN 1 A Pot of Poison

◇◇◇ go [góu ゴウ]	動	(物事が)…に進行する，なっていく ■-ing形は going
What's going on?		いったいどうしたんだ。
awful [ɔ́:fəl オーフル]	形	恐ろしい；ひどい，とても悪い
punish [pʌ́niʃ パニシュ]	動	罰する
ourselves [ɑːrsélvz アーセルヴズ]	代	私たち自身を〔に〕； 〔主語の意味を強めて〕私たち自身で；自分で
ear [íər イア]	名	耳 ■複数形は ears
ring [ríŋ リング]	動	鳴る ■-ing形は ringing
Agghhhhhh	間	アアーッ ★苦しんでいる様子の声を表す
ah [ɑ́: アー]	間	ああ！，まあ！ ★驚き・喜び・悲しみ・あわれみなどを表す

どうしたのだ。

You   boys!
何て**悪い子**たちだ！

I'll   you for that.
その**お仕置き**をせねばならぬ。

We punished   .
ぼくたちは**自分たち**をお仕置きしました。

My   are   .
耳鳴りがします。

A   !
アアーッ！

Ah . . . .
ああ…。

CHECK IT OUT!

Lesson 4　GET Part 1

教 pp.51~53

(1)	_____	過ごす，費やす
(2)	_____	招待する，招く
(3)	a_____	おば
(4)	c_____	コート，上着
(5)	c_____	ツル
(6)	g_____	観光案内書，ガイドブック
(7)	c_____	図表，グラフ
(8)	_____ of ...	…の真ん中

① 月 日	／8点	② 月 日	／8点	③ 月 日	／8点

Lesson 4　GET Part 2

教 pp.54~55

(1)	_____	傷つける
(2)	g_____	巨大な
(3)	n_____	その土地〔国〕に生まれた〔育った〕
(4)	B_____	英国(人)の
(5)	e_____	探検家，探検者
(6)	t_____	伝統，慣習
(7)	g_____	うれしい
(8)	c_____	困惑した

① 月 日	／8点	② 月 日	／8点	③ 月 日	／8点

(1)		実際に〔は〕
(2)		敷地, 行われた〔行われる〕場所
(3)		地域, 地方
(4)		法律
(5)		それ自身を〔に〕
(6)		すべてのこと〔もの〕
(7)		社会
(8)		…する前に
(9)		行動する
(10)		(その)代わりに
(11)		歓迎する
(12)		文化
(13)	s	日の出, 朝焼け
(14)	s	日没, 夕焼け
(15)	a	引きつける
(16)	h	遺産
(17)	s	神聖な
(18)	a	祖先, 先祖
(19)	p	保護する
(20)	d	非常に, 強く
(21)	c	よく考える
(22)	c	考慮, 思いやり
(23)	look _____ ...	…のように見える

① 月 日 ／23点	② 月 日 ／23点	③ 月 日 ／23点

CHECK IT OUT!

Lesson 4 USE Write
教 pp.58~59

(1)	s	技術，技能
(2)	j	密林
(3)	g	案内人，ガイド
(4)	p	植物，草木

① 月 日	／4点	② 月 日	／4点	③ 月 日	／4点

Take Action! Listen 3
教 p.60

(1)	g	門，(飛行場の)搭乗口
(2)	i	すぐに，ただちに
(3)	b	乗船，搭乗
(4)	p	乗客

① 月 日	／4点	② 月 日	／4点	③ 月 日	／4点

Take Action! Talk 3
教 p.61

(1)		ボート，小舟
(2)	a	偶然の出来事
(3)	r	こぐ

① 月 日	／3点	② 月 日	／3点	③ 月 日	／3点

GET Plus 4

教 p.62

(1) _____ …まで（ずっと）

(2) _____ 覚書き，メモ

(3) turn _____ ... …を提出する

① 月 日	／3点	② 月 日	／3点	③ 月 日	／3点

Word Bank

教 p.63

(1) _____ 終わらせる，終わる

(2) _____ 感情，気持ち

(3) _____ 上げる，持ち上げる

(4) e _____ 表現する

(5) g _____ あいさつする

(6) g _____ 客，泊り客

(7) u _____ 制服

① 月 日	／7点	② 月 日	／7点	③ 月 日	／7点

CHECK IT OUT!

READING FOR FUN 1

教 p.66

(1)		少数の，少しの
(2)		心配する
(3)	m	主人，和尚
(4)	p	毒
(5)	be _____	帰る，戻る
(6)	a _____ ...	少数の…
(7)	_____ worry.	心配しないで。

① 月 日	／7点	② 月 日	／7点	③ 月 日	／7点

READING FOR FUN 1

教 p.67

(1)	_____ we ...?	…しましょうか。
(2)		しめる，閉じる
(3)		もの
(4)		部屋，室
(5)		確認する，調べる
(6)	w	ふく，ぬぐう
(7)	s	…のにおいがする
(8)	s	砂糖
(9)	Yes, _____.	そうしよう。
(10)	check _____ ...	…を調べる
(11)	You're _____.	そのとおり。

① 月 日	／11点	② 月 日	／11点	③ 月 日	／11点

(1) _____ 壊す，割る

(2) _____ 冗談を言う，からかう

(3) _____ 信じる

(4) _____ 「割る」の過去形

(5) e _____ からの，だれもいない

(6) m _____ 分，ちょっとの間

(7) be in _____ トラブルに巻き込まれている

(8) _____ a minute. ちょっと待って。

(9) You _____ be kidding. 冗談だろう。

① 月 日	／9点	② 月 日	／9点	③ 月 日	／9点

(1) _____ 恐ろしい

(2) _____ 私たち自身を〔に〕

(3) _____ 鳴る

(4) p _____ 罰する

(5) a _____ ああ！

(6) What's _____ on? いったいどうしたんだ。

① 月 日	／6点	② 月 日	／6点	③ 月 日	／6点

GET Part 1

☐☐☐ New Zealand [njù: zí:lənd ニュー **ズィ**ーランド]	名	ニュージーランド ★南太平洋のポリネシアにある島国；首都ウェリントン
☐☐ island [áilənd **ア**イランド]	名	島
☐☐ **country** [kʌ́ntri **カ**ントリ]	名	国，国土
☐☐ **than** [ðǽn **ザ**ン]	接	…よりも ★比較級に続けて用いる
☐☐ Auckland [ɔ́:klənd **オー**クランド]	名	オークランド ★ニュージーランドの都市の名前
☐☐ north [nɔ́:rθ **ノー**ス]	名 形	北(の)
☐☐ North Island [nɔ́:rθ àilənd **ノー**ス アイランド]	名	北島 ★ニュージーランドの国土を形成する主要な島の一つ
◇◇◇ **long** [lɔ́:ŋ **ロー**ング]	形	(距離・長さが)長い
☐☐ **south** [sáuθ **サ**ウス]	名 形	南(の)，南部(の)
☐☐ America [əmérəkə ア**メ**リカ]	名	アメリカ合衆国；(南北)アメリカ大陸
☐☐ South America [sáuθ əmérəkə **サ**ウス ア**メ**リカ]	名	南アメリカ，南米

The students from New Zealand are coming soon.
ニュージーランドの生徒たちがもうすぐやってきますね。

New Zealand is an island country like Japan, right?
ニュージーランドは日本のような島国なんですよね？

✪ It's smaller than Japan.
それは日本より小さいですね。

Where are the students from? — Auckland on the North Island.
生徒たちはどこから来るのですか。—北島にあるオークランドです。

The Amazon is long.
アマゾン川は長いです。

✪ The Amazon is the longest in South America.
アマゾン川は南アメリカで最も長いです。

113

◇◇◇ **which** [hwítʃ (ホ)**ウィチ**]	代	どちらが，どれが	
prefecture [príːfektʃər **プリーフェクチャ**]	名	(日本・フランスなどの)県，府	
young [jʌ́ŋ **ヤング**]	形	若い，幼い ⇔old 形 年をとった，古い	
heavy [hévi **ヘヴィ**]	形	重い ⇔light 形 軽い	
deep [díːp **ディープ**]	形	深い	

GET Part 2

◎◎◎ **table** [téibl **テイブル**]	名	(各種の)表，一覧表	
compare [kəmpéər **コンペア**]	動	比較する，比べる ■3単現はcompares	
foreign [fɔ́ːrən **フォーリン**]	形	外国の	
most [móust **モウスト**]	副	最も，いちばん ★形容詞・副詞の前について最上級を作る	
list [líst **リスト**]	名	リスト，一覧表	
cultural [kʌ́ltʃərəl **カルチャラル**]	形	文化の，文化的な	
◇◇◇ **more** [mɔ́ːr **モー**]	副	もっと… ★形容詞・副詞の前について比較級を作る	

Which is larger, Fukushima or Iwate?
福島と岩手では**どちらが**大きいですか。

Actually, Iwate is the largest **prefecture** in Tohoku.
実は，岩手は東北の中で最も大きい**県**です。

This **table compares** some popular activities for **foreign** tourists.
この**表**は，**海外からの**観光客に人気のあるアクティビティを**比較しているん**だ。

✿ Sightseeing is the **most** popular activity on the **list**.
リストの中で，観光が**いちばん**人気のあるアクティビティなんだね。

✿ Yes, and **cultural** activities are **more** popular than shopping.
そうだね，そして**文化**体験は買い物より**もっと**人気があるよ。

☐☐ **include** [inklú:d インク**ルー**ド]	動	含む；含める
◇◇◇ **welcome** [wélkəm **ウェ**ルカム]	形	歓迎される
◖◖◖ **party** [pá:rti **パー**ティ]	名	パーティー，（社交の）会
◇◇ **class** [klǽs **ク**ラス]	名	クラス，学級，組，クラスの生徒（みんな）

☐☐ sleeping [slí:piŋ ス**リー**ピング]	形	睡眠（用）の
☐☐ desert [dézərt **デ**ザト]	形	砂漠の；人の住んでいない
☐☐ matchbox [mǽtʃbàks **マ**チバクス]	名	マッチ箱
◇◇◇ **so** [sóu **ソ**ウ]	副	そのように，そう
◇◇◇ **by** [bái **バ**イ]	前	…によって，…による ★行為をする人・原因を表す
☐☐ yourself [jərsélf ユア**セ**ルフ]	代	あなた自身を〔に，で，が〕；自分で
☐☐☐ *by oneself*		独力で
◇◇ **light** [láit **ラ**イト]	動	明かりをつける，明るくする

Then let's **include** them in the **welcome party**.
じゃあ，**歓迎会**に**取り入れ**ようよ。

✿In our **class**, English is more popular than science.
私たちの**クラス**では，英語は理科よりも人気があります。

What's the most important thing to take to a **desert** island?
無人島に持っていく最も大切なものは何ですか。

I think a **matchbox** is the most important thing.
私は，**マッチ箱**がいちばん大切なものだと思います。

Why do you think **so**?
あなたはなぜ**そのように**考えますか。

It's hard to make a fire **by yourself**.
自力で火をつけるのは難しいです。

tunnel　　　　　　名　トンネル
[tʌ́nl　**タ**ヌル]

117

□□□ relax [rilǽks リラクス]	動	くつろぐ
□□ keep [kíːp キープ]	動	(ある状態・位置の)ままでいる
□□ expensive [ikspénsiv イクスペンスィヴ]	形	高価な，(値段が)高い

GET Part 3

□□ daughter [dɔ́ːtər ドータ]	名	娘
□□ participate [pɑːrtísəpèit パーティスィペイト]	動	参加する，加わる ■過去形・過去分詞は participated
◇◇◇ as [ǽz アズ]	副 接	Aと同じくらいに… ★〔as ... as A〕の形で比較を表す。前のas は「それと同じだけ…」の意味で副詞，あとのasが「(Aが)…である〔する〕ように」の意味で接続詞
◇◇◇ the [ðə, ðíː ザ, ズィー]	副	いちばん…である ★〔the +最上級〕の形で用いる
◇◇◇ best [bést ベスト]	副	最もよく，いちばん ★well(よく，じょうずに)の最上級

	valuable	形	高価な，貴重な
	[vǽljəbl **ヴァ**リャブル]		
	colorful	形	色彩に富んだ，色とりどりの
	[kʌ́lərfəl **カ**ラフル]		

教 pp.76~77

When I visited Japan with my **daughter**, we went sightseeing and shopping.
私が**娘**と一緒に日本を訪れたとき，私たちは観光と買い物に行きました。

We also **participated** in cultural activities.
私たちは文化体験にも**参加しました**。

✪ They were **as** interesting **as** sightseeing or shopping.
それらは，観光や買い物**と同じくらい**興味深かったです。

✪ My daughter liked *shodo*, Japanese calligraphy, **the best**.
私の娘は日本の書法である書道が**いちばん**気に入りました。

kimono [kimóunə キモウノ]	名	着物	
◇ **better** [bétər ベタ]	副	もっとよく，もっとうまく ★well（よく，うまく）の比較級	
although [ɔ:lðóu オールゾウ]	接	…だけれども；…という事実に関わらず	
fee [fí: フィー]	名	料金	
quite [kwáit クワイト]	副	ほんとうに，とても，かなり，まあまあ ★主観的に意味を強める	
have fun		楽しむ	

◇ **which** [hwítʃ (ホ)**ウィチ**]	形	どちらの，どの
chicken [tʃíkən **チキン**]	名	ニワトリ；とり肉
pork [pó:rk **ポーク**]	名	豚肉
beef [bí:f **ビーフ**]	名	牛肉
seafood [sí:fù:d **スィーフード**]	名	魚介
cheese [tʃí:z **チーズ**]	名	チーズ
hamburger [hǽmbà:rgər **ハンバーガ**]	名	ハンバーガー
◇ **fish** [fíʃ **フィシュ**]	名	魚 ★ふつうは単数も複数も同じ形

✪ I liked wearing a **kimono better although** the
fee was **quite** high.
料金は**とても**高かったのですが，私は**着物**の着付けのほうを**もっと**気に
入りました。

We learned a lot and **had fun**.
私たちはたくさんのことを学び，**楽しみました**。

Which curry do you like better, **chicken** or **pork**?
— I like **chicken** better.
鶏肉と**豚肉**ではあなたは**どちらの**カレーがより好きですか。—私は**鶏肉**のほ
うが好きです。

noodle [núːdl　**ヌードル**]	名	麺類 ■複数形は noodles
cream [kríːm　**クリーム**]	名	クリーム
ice cream [áis krìːm **アイス クリーム**]	名	アイスクリーム
flavor [fléivər　**フレイヴァ**]	名	味，風味
genre [ʒáːnrə　**ジャーンル**]	名	類型，ジャンル

◇ **long**
◇ [lɔ́:ŋ **ローング**]

副 (時間が)長く

USE Read ニュージーランドの姉妹校からのメール

☐ *thank you*
☐ *for ...*

…をありがとう

☐ **offer**
☐ [ɔ́:fər **オーファ**]

動 提供する
■-ing形はoffering

☐ **choice**
☐ [tʃɔ́is **チョイス**]

名 選択，選択権
■複数形はchoices

☐ summary
☐ [sʌ́məri **サマリ**]

名 要約，まとめ

◇ **e-mail**
◇ [í:mèil **イーメイル**]

名 Eメール
★electronic mailの短縮形

☐ attach
☐ [ətǽtʃ **アタチ**]

動 付ける；Eメールにファイルを添付する

☐ **file**
☐ [fáil **ファイル**]

名 ファイル；(コンピューター)ファイル

◇ **give**
◇ [gív **ギヴ**]

動 (人に情報などを)伝える，言う

☐ **further**
☐ [fə́:rðər **ファーザ**]

形 それ以上(の)；さらなる

☐ detail
☐ [dí:teil
ディーテイル]

名 細部，詳細
■複数形はdetails

◇ **of**
◇ [ʌ́v **アヴ**]

前 …のことを，…について(の)
★内容を表す

122

loud
[láud ラウド] 　副 大声で，大きな音で

教 pp.78~79

Thank you for offering us some choices of
activities at the welcome party.
歓迎会でのアクティビティの**選択肢**をいくつか**提示してくださり**，ありがとうございます。

I will write a summary in this e-mail.
この**メール**で**まとめ**をお伝えします。

I will attach a file to give you further details.
さらなる詳細をそちらに**お伝えする**ために，**ファイル**を**添付**しておきます。

They want to wear them, take pictures, and learn
about the history of kimonos.
彼らは，着物を着て写真を撮り，着物**の**歴史について知りたいと思っています。

karate [kərá:ti カ**ラ**ーティ]	名	空手
chose [tʃóuz **チョ**ウズ]	動	choose（選ぶ）の過去形
half [hǽf **ハ**フ]	名	半分，2分の1
half of ...		…の半分，半数
member [mémbər **メ**ンバ]	名	（団体・クラブなどの）会員，メンバー ■複数形は members
a member of ...		…の一員
couple [kʌ́pl **カ**プル]	名	（同じ種類の）2個，3〔人〕
a couple of ...		2，3の…
writing [ráitiŋ **ラ**イティング]	名	書かれたもの；書くこと
brush [brʌ́ʃ ブ**ラ**シュ]	名	ブラシ，絵筆，毛筆 ■複数形は brushes
organize [ɔ́:rgənàiz **オ**ーガナイズ]	動	組織する，計画して準備する
opportunity [àpərtjú:nəti アパ**テュ**ーニティ]	名	機会，好機，チャンス

Karate is as popular as wearing a kimono.
空手は着付けと同じくらい人気があります。

Another eight students chose this activity.
別の8名がこのアクティビティを選びました。

Half of them are members of a karate *dojo* in Auckland.
そのうちの半分は，オークランドの空手道場のメンバーなのです。

A couple of my students chose *shodo*.
私の生徒のうちの何人かは書道を選びました。

They think Japanese writing is the most beautiful.
彼らは，日本語で書かれたものが最も美しいと思っています。

They want to use *shodo* brushes and write their names and some words in Japanese.
彼らは書道の筆を使って，彼らの名前といくつかのことばを日本語で書きたいと思っています。

I hope this information helps when you organize the welcome party.
歓迎会を計画してくださる際に，この情報がお役に立つことを願っています。

This will be a great opportunity for us.
これは私たちにとって，すばらしい機会となることでしょう。

forward [fɔ́:rwərd **フォーワド**]	副	前へ，先へ	
look forward *to ...*		…を楽しみに待つ	
Jacob [dʒéikəb **ヂェイコブ**]	名	ジェーコブ ★男性の名前	

USE Write 人気のあるものを調べてレポートを書こう

vanilla [vənílə **ヴァニラ**]	名	バニラ

Take Action! Listen 4 イベントの紹介

pumpkin [pʌ́mpkin **パンプキン**]	名	西洋カボチャ
meat [mí:t **ミート**]	名	食用肉

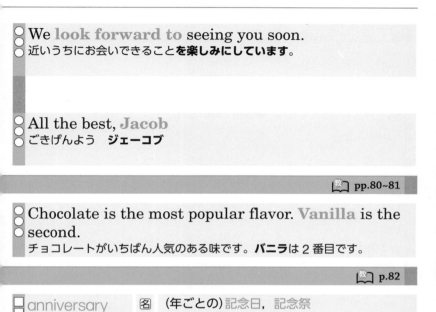

We **look forward to** seeing you soon.
近いうちにお会いできること**を楽しみにしています**。

All the best, Jacob
ごきげんよう　**ジェーコブ**

教 pp.80~81

Chocolate is the most popular flavor. Vanilla is the second.
チョコレートがいちばん人気のある味です。**バニラ**は2番目です。

教 p.82

anniversary [ænəvə́ːrsəri アニ**ヴァ**ーサリ]	名	(年ごとの)記念日，記念祭
hat [hǽt　ハト]	名	ぼうし ★縁のあるものいう

Take Action! Talk 4 一緒に遊園地に行かない?

◇◇◇ can [kǽn **キャン**]	助	…してもよい ★許可を表す
☐☐ *Can I speak to ...?*		…さんをお願いできますか。 ★電話で用いる
☐☐ *Speaking.*		私です。
◇◇◇ free [frí: **フリー**]	形	ひまな
☐☐ *Why don't we ...?*		…しませんか。
◊◊◊ would [wúd **ウド**]	助	(…する)だろう, …でしょう; (…する)つもりだ, …しよう
☐☐ I'd [áid **アイド**]		I would の短縮形
☐☐ *I'd like to ....*		…したい。

GET Plus 5 演奏の仕方を教えましょう

◇◇◇ to [tú: **トゥー**]	前	…すればよいか ★〔疑問詞+to do〕の形で用いる

Word Bank 日本の文化や観光に関することば

☐☐ fold [fóuld **フォウルド**]	動	折りたたむ
☐☐ *put on ...*		…を身に着ける
☐☐ arrange [əréindʒ **アレインヂ**]	動	整える

128

Can I speak to Mark?
マークさんをお願いできますか？

Speaking.
私だよ。

Well, if you are free on Sunday, why don't we go together?
それで，もし日曜日あいていたら一緒に行かない？

I'll show you how to play the Japanese drum.
私はあなたに演奏の仕方を教えますよ。

ninja [níndʒə ニンヂャ]	名	忍者
bonsai [bὰnsái バンサイ]	名	盆栽
good [gúd グド]	形	おいしい，（味の）いい

Project 2 修学旅行のプランを提案しよう

☐☐ Cairns [kéərnz ケアンズ]	名	ケアンズ ★オーストラリアの都市の名前
☐☐ landscape [lǽndskèip **ラ**ンドスケイプ]	名	風景，景色
☐☐ **result** [rizʌ́lt リ**ザ**ルト]	名	結果；成果 ■複数形は results
☐☐ survey [sə́ːrvei **サ**ーヴェイ]	名	調査
☐☐ skiing [skíːiŋ ス**キ**ーイング]	名	スキー（ですべること）
☐☐ snowboarding [snóubɔ̀ːrdiŋ ス**ノ**ウボーディング]	名	スノーボード

☐☐	Beijing [bèidʒíŋ ベイ**ヂ**ング]	名	北京 ★中華人民共和国の首都
☐☐	tempura [tempúərə テン**プ**(ア)ラ]	名	天ぷら
☐☐	Thailand [táilænd **タ**イランド]	名	タイ ★東南アジアの国の名前
☐☐	Chiang Mai [tʃià:ŋ mái チャーング **マ**イ]	名	チェンマイ ★タイの都市の名前
☐☐	etc. [etsétərə イト**セ**テラ]	《略》	…など

単語ノート

free 🍎 p.83（初出は 1 年）/ 本書 p.128

　freeは，「日曜日はフリーだよ」などと，「ひまな」や「仕事などやらなければならないことがない」という意味で日本語でもよく使います。また，「無料の, ただの」という意味もあります。ほかに, 不定詞を続けてfree to …の形で「自由に…できる」や，「（囚人などを）解放する」「（痛みや障害などを）取り除く」という動詞の意味もあります。名詞に-freeをつけると「…の含まれていない」という意味の形容詞になります。

　Feel free to read any book in this room.
　（この部屋の本はどれでも遠慮なく読んでください。）

　This is a sugar-free soda. 　（これは砂糖不使用の炭酸飲料です。）

CHECK IT OUT!

Lesson 5　GET Part 1
教 pp.71~73

(1)	_____	国，国土
(2)	_____	…よりも
(3)	_____	南 (の)
(4)	_____	若い，幼い
(5)	_____	重い
(6)	N_____ Z_____	ニュージーランド
(7)	i_____	島
(8)	n_____	北 (の)
(9)	A_____	アメリカ合衆国，（南北)アメリカ大陸
(10)	S_____ A_____	南アメリカ，南米
(11)	p_____	県，府
(12)	d_____	深い

① 月 日 ／12点	② 月 日 ／12点	③ 月 日 ／12点

Lesson 5　GET Part 2
教 pp.74~75

(1)	_____	比較する
(2)	_____	最も，いちばん
(3)	_____	リスト，一覧表
(4)	_____	含む，含める
(5)	_____	表，一覧表
(6)	_____	パーティー，会
(7)	_____	あなた自身を〔に，で，が〕
(8)	_____	ままでいる
(9)	_____	高価な

(10)	f		外国の
(11)	c		文化の，文化的な
(12)	s		睡眠(用)の
(13)	d		砂漠の，人の住んでいない
(14)	t		トンネル
(15)	r		くつろぐ
(16)	v		高価な，貴重な
(17)	c		色彩に富んだ
(18)	_____ oneself		独力で

① 月 日 ／18点	② 月 日 ／18点	③ 月 日 ／18点

Lesson 5 GET Part 3　　　教 pp.76~77

(1)		娘
(2)		…だけれども
(3)		ほんとうに，とても
(4)	p	参加する，加わる
(5)	f	料金
(6)	s	魚介
(7)	f	味，風味
(8)	g	類型，ジャンル
(9)	l	大声で，大きな音で
(10)	have _____	楽しむ

① 月 日 ／10点	② 月 日 ／10点	③ 月 日 ／10点

CHECK IT OUT!

(1)	_____	提供する
(2)	_____	選択，選択権
(3)	_____	（コンピューター）ファイル
(4)	_____	それ以上（の），さらなる
(5)	_____	「選ぶ」の過去形
(6)	_____	半分，2分の1
(7)	_____	会員，メンバー
(8)	_____	2つ，3つ
(9)	_____	計画して準備する
(10)	_____	機会，チャンス
(11)	_____	先に，前に
(12)	s _____	要約，まとめ
(13)	a _____	付ける，Eメールにファイルを添付する
(14)	d _____	細部，詳細
(15)	w _____	書かれたもの
(16)	_____ you for ...	…をありがとう
(17)	_____ of ...	…の半分，半数
(18)	a member _____ ...	…の一員
(19)	a couple _____ ...	2，3の…
(20)	look _____ to ...	…を楽しみに待つ

① 月 日	／20点	② 月 日	／20点	③ 月 日	／20点

Lesson 5 USE Write

教 pp.80~81

(1) v _____ バニラ

① 月 日	／1点	② 月 日	／1点	③ 月 日	／1点

Take Action! Listen 4

教 p.82

(1) _____ ぼうし

(2) p _____ 西洋カボチャ

(3) a _____ 記念日

① 月 日	／3点	② 月 日	／3点	③ 月 日	／3点

Take Action! Talk 4

教 p.83

(1) _____ (…する)だろう，つもりだ

(2) _____ I would の短縮形

(3) Can I _____ to ...? (電話で)…さんをお願いできますか。

(4) _____. 私です。

① 月 日	／4点	② 月 日	／4点	③ 月 日	／4点

CHECK IT OUT!

Word Bank

教 p.85

(1)	f	折りたたむ
(2)	a	整える

① 月 日	／2点	② 月 日	／2点	③ 月 日	／2点

Project 2

教 pp.88~90

(1)		結果，成果
(2)	s	調査
(3)	s	スキー（ですべること）
(4)	s	スノーボード
(5)	l	風景，景色
(6)	T	タイ

① 月 日	／6点	② 月 日	／6点	③ 月 日	／6点

■ 比較級・最上級の作り方

① 形容詞・副詞にそのまま er, est をつける
high - higher - highest
tall - taller - tallest

② 発音しない e で終わる語 ⇒ r, st をつける
large - larger - largest

③ 最後の文字が [短母音＋子音字] の語
⇒ 最後の文字を重ねて er, est をつける
big - bigger - biggest
hot - hotter - hottest

④ 最後の文字が [子音字＋y] の語 ⇒ y を i に変えて er, est をつける
heavy - heavier - heaviest
easy - easier - easiest

⑤ 最後が -ful, -ous, -ish, -less で終わる語
⇒ more, most をつける
useful - more useful - most useful
famous - more famous - most famous

⑥ 3音節以上の語 ⇒ more, most をつける
difficult(dif・fi・cult) - more difficult - most difficult
expensive(ex・pen・sive) - more expensive - most expensive

⑦ 不規則に形が変わる語
good - better - best
much - more - most

＊教科書86ページの「文法のまとめ⑤」や付録23ページの「形容詞・副詞比較変化表」
も参考にしましょう。

GET Part 1

☐☐	Mei [méi メイ]	名	メイ ★女性の名前
◇◇ ◇◇	**have** [hǽv ハヴ]	助	(今まで) ずっと…している ★現在完了の「継続」を表す
☐☐	**nearly** [níərli ニアリ]	副	ほとんど，ほぼ
☐☐	cutout [kʌ́tàut カタウト]	名	切り抜き(絵) ■複数形はcutouts
☐☐	lion [láiən ライオン]	名	ライオン ■複数形はlions
☐☐	dragon [drǽgən ドラゴン]	名	竜，ドラゴン ■複数形はdragons
☐☐	**plenty** [plénti プレンティ]	名	たくさん
☐☐☐	*plenty of ...*		たくさんの…
☐☐	**since** [síns スィンス]	前	…から(今まで)，…以来(ずっと)
☐☐	I've [áiv アイヴ]		I haveの短縮形

I'm Mei.
私はメイです。

✪ I have stayed at Jing's house for nearly a week.
　私はジンの家にほぼ一週間滞在しています。

These paper cutouts of lions, dragons, and plants
express happiness.
この獅子(しし)や龍(りゅう)，植物の切り絵は，幸福を表現しています。

I have plenty of them.
私はそれらをたくさん持っています。

✪ Miki has lived in this town since 2016.
　美紀はこの町に 2016 年から住んでいます。

139

☐☐ **been** [bíːn ビーン]	動	be(…である)の過去分詞
◇◇ **since** [síns スィンス]	接	…してから(ずっと)，…して以来
◇◇ **year** [jíər イア]	名	…歳 ■複数形はyears
◇◇ **old** [óuld オウルド]	形	…歳の；(物ができてから)…年〔月〕で
☐☐ *... year(s) old*		…歳
☐☐ The Beatles [ðə bíːtlz ザ ビートルズ]	名	ビートルズ ★theをつける。1962年に結成され1970年に解散した，イギリス出身の4人組のロックグループ
☐☐ jazz [dʒǽz チャズ]	名	ジャズ
◇◇ **know** [nóu ノウ]	動	知り合いである，見知っている
☐☐ **known** [nóun ノウン]	動	know(知り合いである)の過去分詞

GET Part 2

◇◇ master [mǽstər マスタ]	名	達人，名人
☐☐ **ready** [rédi レディ]	形	用意ができて
☐☐ flowering [fláuəriŋ フラウアリング]	形	花の咲いている

I've **been** interested in rock music **since** I was three **years old**.
私は3**歳のときから**ロックミュージックにずっと興味が**あります**。

My favorite is **the Beatles**.
私のお気に入りは**ビートルズ**です。

◇ **keep** [kíːp **キープ**]	動	持ち続ける，保存する
kept [képt **ケプト**]	動	keep(持ち続ける)の過去形・過去分詞
Giants [dʒáiənts **ヂャイアンツ**]	名	ジャイアンツ ★チームの名前

📖 pp.94~95

I want to be a Chinese tea **master**.
私は中国茶の**専門家**になりたいんです。

I'm almost **ready**.
私はほぼ**準備はできて**います。

Here, try this **flowering** tea.
さぁ，この**花の咲いた**お茶を飲んでみてください。

for a long time	長い間
haven't [hǽvnt **ハヴント**]	have not の短縮形
high school [hái skù:l **ハイ スクール**]	名 高等学校
◇ **about** ◇ [əbáut **アバウト**]	副 約，だいたい，ほぼ
lead [lí:d **リード**]	形 主要な
leader [lí:dər **リーダ**]	名 指導者，リーダー
manager [mǽnidʒər **マ**ニヂャ]	名 管理する人，(野球などの)監督

USE Read About Chinese Tea

root [rú:t **ルート**]	名 ふるさと，ルーツ ★複数形 roots で用いる
meal [mí:l **ミール**]	名 食事
expert [ékspə:rt **エ**クスパート]	名 専門家 ■複数形は experts
medicine [médəsən **メ**ディスィン]	名 薬，医薬

I have lived in this town **for a long time**.
私は**長い間**この町に住んでいます。

How long have you been a fan of **high school** baseball?
あなたはどのくらい**高校**野球のファンですか。

For **about** three years.
だいたい 3 年です。

| coach [kóutʃ コウチ] | 名 | (競技の)コーチ，指導者 |
| Tigers [táigərz タイガズ] | 名 | タイガーズ ★チームの名前 |

教 pp.96~97

Tea has its **roots** in China.
お茶の**ルーツ**は中国にあります。

We drink it with every **meal**.
私たちは**食事**のたびにお茶を飲みます。

Experts think that Chinese people first used tea as a kind of **medicine**.
専門家は，中国人は初め，お茶を一種の**薬**として使っていた，と考えています。

active [ǽktiv **アクティヴ**]	形	活発な，行動[活動]的な
generally [dʒénərəli **ヂェネラリ**]	副	ふつう；一般に
type [táip **タイプ**]	名	型，タイプ，種類 ■複数形は types
oolong [úːlɔːŋ **ウーローング**]	名	ウーロン茶 ★oolong tea とも言う。中国茶の一種
pu'er [púːə́ːr **プーアー**]	名	プーアル ★中国茶の一種
camellia [kəmíːliə **カミーリア**]	名	ツバキ ★茶の木(チャノキ)はツバキの仲間
prepare [pripéər **プリペア**]	動	準備する；作る ■-ing形は preparing
leaf [líːf **リーフ**]	名	葉 ■複数形は leaves
roast [róust **ロウスト**]	動	(肉を)焼く，あぶる；(豆やお茶などを)いる
humid [hjúːməd **ヒューミド**]	形	湿気の多い，じめじめした
◇ age [éidʒ **エイヂ**]	動	熟成する
rich [rítʃ **リチ**]	形	豊かな，豊富な

They soon learned that tea also made people **active** and realized that it was delicious.
まもなく中国人は，お茶を飲むと人々が**活発に**もなると知り，お茶がおいしいことにも気づきました。

Generally, there are six **types** of tea: green, black, yellow, white, **oolong**, and *pu'er*.
一般に，お茶には6**種類**あります。緑茶，紅茶，黄茶，白茶，**烏龍**(ウー)(ロン)**茶**，**プーアル茶**です。

All tea comes from the same plant, the **camellia** of China, but the way of **preparing** tea **leaves** is different.
お茶は全て同じ植物，中国の**ツバキ**（チャノキ）に由来しますが，茶**葉**を**作る**方法が異なります。

For example, if you **roast** tea leaves, they keep their fresh and bitter taste.
たとえば，茶葉を**いれ**ば，茶葉の新鮮で苦みのある味が保たれます。

If you put the leaves in a **humid** room, they **age** and become **rich** in flavor.
茶葉を**湿気の多い**部屋に置けば，**熟成して豊かな**香りになります。

in this way		このようにして

Europe [júərəp **ユ**アロプ]	名	ヨーロッパ
east [íːst **イ**ースト]	名 形	東 (の)
Asia [éiʒə **エ**イジャ]	名	アジア (大陸)
East Asia [íːst éiʒə **イ**ースト **エ**イジャ]	名	東アジア
◇ **Japanese** ◇ [dʒæpəníːz チャパ**ニ**ーズ]	名	日本人；日本人 (全体)
gift [gíft **ギ**フト]	名	贈り物 ■複数形は gifts

USE Write お礼のカードを書こう

owl [ául **ア**ウル]	名	フクロウ ■複数形は owls
stress [strés スト**レ**ス]	名	(精神的) ストレス
towel [táuəl **タ**ウアル]	名	タオル
wrap [rǽp **ラ**プ]	動	包む，包装する
sincerely [sinsíərli スィン**スィ**アリ]	副	心から；〔手紙の結び文句として〕敬具

In this way, you make black tea.
こうして，紅茶を作ります。

Black tea has been popular in Europe since the 1750s.
紅茶は，1750 年代以来ヨーロッパで人気があります。

People in East Asia often drink green tea.
東アジアの人々がよく緑茶を飲みます。

Japanese have enjoyed green tea since the ninth century.
日本人は 9 世紀から緑茶を味わってきました。

Tea is one of China's greatest gifts to the world.
お茶は，世界への，中国の最もすばらしい贈り物の 1 つです。

教 pp.98~99

Look at the design. There are owls on it.
デザインを見てください。それにはフクロウが描かれています。

Fukuro means "without trouble or stress".
フクロウには「心配事やストレスがない」という意味があります。

You can use *tenugui* as a kitchen towel.
手ぬぐいを台所ふきんとして使うことができます。

You can wrap things in it, too.
それで物を包むこともできます。

Sincerely, Hana
心を込めて　花

147

Take Action! Listen 5　ラジオニュース

capybara [kæpibáːrə キャピ**バ**ーラ]	名	カピバラ
missing [mísiŋ　**ミ**スィング]	形	行方不明の
staff [stæf　ス**タ**フ]	名	職員
meter [míːtər　**ミ**ータ]	名	メートル ★メートル法の長さの単位
long [lɔ́ːŋ　**ロ**ーング]	形	…の長さがある，長さが…の

Take Action! Talk 5　お手伝いしましょうか

can [kæn　**キャ**ン]	助	…しましょうか ★申し出を表す
Can I help you?		お手伝いしましょうか。
pocket [pákət　**パ**ケト]	名	ポケット
train [tréin　ト**レ**イン]	名	列車，電車
ask [æsk　**ア**スク]	動	たのむ，求める
ask for ...		…を求める
attendant [əténdənt ア**テ**ンダント]	名	サービス係，係員

centimeter [séntəmì:tər **セ**ンティミータ]	名	センチメートル
◇ **tall** ◇ [tɔ́:l **ト**ール]	形	高さが…ある
under [ʌ́ndər **ア**ンダ]	前	…の下に，…の下の〔を，で〕 ★位置・方向を表す
escape [iskéip イス**ケ**イプ]	動	逃げる

Can I help you?
お手伝いしましょうか。

I can't find my phone. It was in my **pocket**.
携帯電話が見つからないんです。それは**ポケット**に入っていました。

I think it fell out in the **train**.
電車で落ちたのだと思います。

Shall I **ask** that station **attendant for** help?
あの駅の**係員**に助け**をたのみ**ましょうか。

☐ appreciate ☐ [əprí:ʃièit アプ**リー**シエイト]	動	感謝する
☐ *I appreciate* ☐ *it.*		感謝します。
☐ matter ☐ [mǽtər マタ]	名	困った事；故障，ぐあいの悪い所 ★theをつけて表す
☐ *What's the* ☐ *matter with* ☐ *you?*		いったいどうしたの。

◇ could ◇ [kúd ク ド]	助	…してくださいませんか ★〔Could you ...?〕の形で用いて …してよろしいでしょうか ★〔Could I ...?〕の形で用いて

☐ handout ☐ [hǽndàut **ハンダウト**]	名	(教室などで配る)プリント
☐ slowly ☐ [slóuli ス**ロウ**リ]	副	ゆっくりと ⇔quickly 副 素早く
☐ hint ☐ [hínt **ヒント**]	名	ヒント；有益な助言
☐ copy ☐ [kápi **カピ**]	名	コピー，複製

I really **appreciate it.**
本当に**ありがとうございます**。

教 p.102

Could you speak louder, please? — Yes, of course.
もっと大きな声で話し**ていただけますか**。—はい，もちろんです。

教 p.103

up [ʌp **アプ**]	副	(量・程度などが)上がって，増加して ★増加を表す
turn up ...		…を大きくする
volume [váljəm **ヴァ**リュム]	名	音量

CHECK IT OUT!

Lesson 6 GET Part 1

📖 pp.91~93

(1) _____ ほとんど，ほぼ

(2) _____ たくさん

(3) _____ …から（今まで），…以来（ずっと）

(4) _____ be「…である」の過去分詞

(5) _____ 「知り合いである」の過去分詞

(6) _____ 「持ち続ける」の過去形・過去分詞

(7) d _____ 竜，ドラゴン

(8) j _____ ジャズ

(9) _____ I have の短縮形

(10) plenty _____ ... たくさんの…

(11) ... year(s) _____ …歳

① 月 日	／11点	② 月 日	／11点	③ 月 日	／11点

Lesson 6 GET Part 2

📖 pp.94~95

(1) _____ 用意ができて

(2) _____ 主要な

(3) _____ 管理する人，監督

(4) f _____ 花の咲いている

(5) l _____ 指導者，リーダー

(6) c _____ コーチ，指導者

(7) _____ have not の短縮形

(8) for a _____ time 長い間

① 月 日	／8点	② 月 日	／8点	③ 月 日	／8点

(1)		型，タイプ
(2)		準備する，作る
(3)	r	ふるさと，ルーツ
(4)	m	食事
(5)	e	専門家
(6)	m	薬，医薬
(7)	a	活発な
(8)	g	ふつう，一般に
(9)	l	葉
(10)	r	焼く，いる
(11)	h	湿気の多い，じめじめした
(12)	r	豊かな，豊富な
(13)	E	ヨーロッパ
(14)	e	東(の)
(15)	A	アジア(大陸)
(16)	E A	東アジア
(17)	g	贈り物

① 月 日 ／17点	② 月 日 ／17点	③ 月 日 ／17点

(1)	o	フクロウ
(2)	s	(精神的)ストレス
(3)	t	タオル
(4)	w	包む，包装する

CHECK IT OUT!

| (5) | s _____ | 心から，敬具 |

| ① 月 日 | ／5点 | ② 月 日 | ／5点 | ③ 月 日 | ／5点 |

Take Action! Listen 5

(1)	_____	…の下に
(2)	m _____	行方不明の
(3)	s _____	職員
(4)	m _____	メートル
(5)	c _____	センチメートル
(6)	e _____	逃げる

| ① 月 日 | ／6点 | ② 月 日 | ／6点 | ③ 月 日 | ／6点 |

Take Action! Talk 5

教 p.101

(1)	_____	列車，電車
(2)	_____	困った事，故障
(3)	p _____	ポケット
(4)	a _____	感謝する
(5)	_____ for ...	…を求める
(6)	I appreciate _____.	感謝します。

| ① 月 日 | ／6点 | ② 月 日 | ／6点 | ③ 月 日 | ／6点 |

154

(1)	_____	コピー，複製
(2)	h _____	(教室などで配る)プリント
(3)	s _____	ゆっくりと
(4)	h _____	ヒント，有益な助言
(5)	v _____	音量

| ① 月 日 | ／5点 | ② 月 日 | ／5点 | ③ 月 日 | ／5点 |

コラム

■動詞の過去形・過去分詞の作り方

　動詞の代表的な語形には原形，過去形，過去分詞があります。語形の変化のことを活用と言います。活用には [原形＋(e)d] の形で過去形・過去分詞を作る規則動詞と，不規則に変化する不規則動詞があります。不規則動詞は以下のように活用の仕方でいくつかに分類されます。

① A-B-C型(原形・過去形・過去分詞形の形がすべて異なるもの)
　　draw(描く)-drew-drawn　　　　　eat(食べる)-ate-eaten
　　give(与える)-gave-given　　　　　go(行く)-went-gone

② A-B-B型(過去形・過去分詞形が同じ形のもの)
　　lose(負ける)-lost-lost　　　　　　meet(会う)-met-met
　　sleep(眠る)-slept-slept　　　　　　win(勝つ)-won-won

③ A-B-A型(原形と過去分詞形が同じ形のもの)
　　come(来る)-came-come　　　　　run(走る)-ran-run

④ A-A-A型(原形・過去形・過去分詞形の形がすべて同じもの)
　　hit(打つ，当たる)-hit-hit　　　　　put(置く)-put-put

＊本書190ページの「不規則動詞の活用表」も参考にしましょう。

GET Part 1

◇◇ **go**
◇ [góu **ゴウ**]

動 届く，達する
■3単現は goes

□ ***Do you have a minute?***

ちょっといいですか。

◇◇◇ **have**
◇ [hǽv **ハヴ**]

助 （今までに）もう…してしまった；もう…した
★現在完了の完了・結果を表す

◇ **just**
◇ [dʒʌ́st **ヂャスト**]

副 ちょうど今（…したばかり）

□ **front**
[frʌ́nt **フラント**]

形 前（の）；前方（の）
名

□ row
[róu **ロウ**]

名 列，（劇場などの）座席の列
❶ row（（舟を）こぐ）と同じ発音

□ lucky
[lʌ́ki **ラキ**]

形 運のよい，幸運な

□ ***Lucky you.***

あなたって本当に運がいいね。

□ **someone**
[sʌ́mwàn **サムワン**]

代 だれか，ある人

□ ***Why don't you ...?***

…してはどうか。

□ ***I'd love to.***

喜んで。

□ yet
□ [jét **イェト**]

副 もう（…したか），すでに
★肯定の疑問文で用いたとき

□ yet
□ [jét **イェト**]

副 まだ（…ない）
★否定文で用いたとき

Rakugo Goes Overseas
「落語は海を越えて」

Do you have a minute?
ちょっといい？

✪Yes. I've just finished my homework.
うん。**ちょうど**宿題を終え**たところだよ**。

Front row seats!
最前列の座席だね！

Lucky you.
運がいいね。

I'm looking for someone to go with.
だれか一緒に行く人を探しているんだ。

Why don't you come with me?
私と一緒に行か**ない？**

I'd love to.
喜んで。

✪Have you finished lunch yet? — Yes, I have. / No, I have not.
あなたは昼食を**もう**終えま**したか**。―はい，終えました。／いいえ，終えていま**せん**。

✪I have not finished lunch yet.
私は**まだ**昼食を終えていま**せん**。

◇◇◇ **video** [vídiòu **ヴィ**ディオウ]	形	テレビ(用)の；テレビ映像の
stretch [strétʃ スト**レ**チ]	動	〔手足などを〕伸ばす
leg [lég **レ**グ]	名	足 ■複数形は legs
●●● **slow** [slóu ス**ロ**ウ]	形	遅い，ゆっくりとした ⇔fast 形 速い
breath [bréθ ブ**レ**ス]	名	息；呼吸
◇◇ cry [krái ク**ラ**イ]	動	(声をあげて)泣く
arrive [əráiv ア**ラ**イヴ]	動	〔場所に〕到着する，着く

GET Part 2

◇◇◇ **welcome** [wélkəm **ウェ**ルカム]	間	ようこそ！，いらっしゃい！
Welcome to		…へようこそ。
◇◇ **have** [hǽv **ハ**ヴ]	助	(今までに)…したことがある ★現在完了の経験を表す
ever [évər **エ**ヴァ]	副	今までに，かつて ★疑問文で用いたとき
seen [síːn ス**ィー**ン]	動	see(見る)の過去分詞

I'll play **video** games.
私は**テレビ**ゲームをします。

hall [hɔ́ːl **ホール**]	名	玄関ホール；会館
city hall [síti hɔ́ːl **スィティ ホール**]	名	市役所 ★City Hallもしばしば使われる
do [dúː **ドゥー**]	動	終える，済ます ★〔have done〕の形で用いる
done [dʌ́n **ダン**]	動	do(終える)の過去分詞
sent [sént **セント**]	動	send(送る)の過去形・過去分詞

教 pp.108~109

Welcome to my *rakugo* show.
私の落語ショーへ，**ようこそ。**

✪**Have** you **ever seen** *rakugo*?
あなたは**今までに落語を見たことはありますか。**

□□ **single** [síŋgl **スィ**ングル]	形	たった1つ〔1人〕の
◇◇ **act** [ǽkt **アク**ト]	動	(役を)演じる ■3単現は acts
□□ *act out ...*		…を演じる
□□ **conversation** [kànvərséiʃən カンヴァ**セイ**ション]	名	会話，(人との)話 ■複数形は conversations
□□ represent [rèprizént レプリ**ゼン**ト]	動	表す，意味する
□□ **begin** [bigín ビ**ギ**ン]	動	始まる，始める
□□ twice [twáis ト**ワイ**ス]	副	2度，2回，2倍
□□ hasn't [hǽznt **ハ**ズント]		has not の短縮形

□□ balance [bǽləns **バ**ランス]	動	バランスをとる〔保つ〕
□□ camping [kǽmpiŋ **キャ**ンピング]	名	キャンプすること
□□ riding [ráidiŋ **ライ**ディング]	名	乗ること，乗馬
□□ **only** [óunli **オウ**ンリ]	副	たった，ほんの
◇◇ **once** [wʌ́ns **ワ**ンス]	副	一度

A **single** performer tells a story and **acts out** the **conversations** among all the characters.
1人の芸人がある話を語り，すべての登場人物の**会話を演じます**。

The performer uses a *sensu* and a *tenugui* to **represent** many things.
芸人は，さまざまなものを**表す**のに扇子や手ぬぐいを使います。

Let's **begin**.
では，**始め**ましょう。

✿ Amy has visited Nara **twice**.
エイミーは奈良を**2度**訪れたことがあります。

It was difficult to **balance** on the board.
スノーボードの上で**バランスをとる**のが難しかったです。

afraid [əfréid アフ**レ**イド]	形	恐れて，こわがって；心配して
be afraid of...		…を恐れる
worn [wɔ́ːrn **ウォーン**]	動	wear(身につけている)の過去分詞
U.F.O. [júːèfóu **ユーエフォ** **ウ**]	名	未確認飛行物体，ユーフォー
marathon [mǽrəθɑ̀n **マ**ラサン]	名	マラソン競技

USE Read *Rakugo* Goes Overseas

David Miller [déivid mílər **デイヴィド ミラ**]	名	デイビッド・ミラー ★人の名前
United States [juːnáitəd stéits **ユーナイテド ステイツ**]	名	アメリカ合衆国 ★the をつけて表す。50 の州と首都ワシントン DC から成る正式名は the United States of America
joke [dʒóuk **ヂョウク**]	名	冗談，しゃれ
sense [séns **センス**]	名	わかる心，感覚
humor [hjúːmər **ヒューマ**]	名	ユーモア，おかしさ，こっけい
◇ all ◇ [ɔ́ːl **オール**]	副	まったく，すっかり
◇ over ◇ [óuvər **オウヴァ**]	前	…一面に，…中を；…をくまなく覆って ★「一面」を表す
all over the *world*		世界中に〔で〕
have been *to ...*		…に行ったことがある
tour [túər **トゥア**]	名	旅行，(公演)ツアー ■複数形は tours
difficulty [dífikəlti **ディフィカルティ**]	名	難しさ，困難，苦労

I'm David Miller from The Crown News.
クラウン・ニュース紙のデイビッド・ミラーです。

When I lived in the United States, many people said, "I've never heard a Japanese joke. Could you tell me one?"
アメリカ合衆国に住んでいたとき，「日本のジョークを聞いたことがない。ぜひ１つ聞かせてくれる？」と何人もの人に言われたんです。

They didn't think the Japanese had a sense of humor.
彼らは，日本人にはユーモアのセンスがないと思っていたようです。

So I wanted to share Japanese humor with people all over the world.
だから，私は，世界中で日本のユーモアを人々と共有したかったのです。

I've been to many countries to give *rakugo* shows.
落語の公演をするために，これまで多くの国に行ったことがあります。

These tours have been very exciting.
公演旅行はいつもとてもわくわくします。

Have you had any difficulty with your *rakugo* performances in English?
英語で落語を演じることで，これまで何か難しいことはありましたか。

163

☐☐	**difference** [dífərəns **ディファレンス**]	名	違い，相違(点) ■複数形は differences
☐☐	**between** [bitwíːn **ビトウィーン**]	前	…の間に〔で・を・の〕
☐☐	*between ...* *and ~*		…と~の間に
◇◇	**sound** [sáund **サウンド**]	名	音，響き ■複数形は sounds
☐☐	*make sounds*		音をたてる
☐☐	manners [mǽnərz **マナズ**]	名	作法，行儀 ★複数形 manners で用いる
☐☐	**explain** [ikspléin **イクスプレイン**]	動	説明する
☐☐	custom [kʌ́stəm **カスタム**]	名	慣習，習慣 ■複数形は customs
☐☐	**opinion** [əpínjən **オピニョン**]	名	意見，考え
☐☐	*in my opinion*		私の意見では
☐☐	**common** [kámən **カモン**]	名	共通の，共通して ★in common で用いて
☐☐	*in common*		共通して
☐☐	laughter [lǽftər **ラフタ**]	名	笑い
☐☐	laugh [lǽf **ラフ**]	動	(声を出して)笑う

Yes, I have. Sometimes there are cultural
differences between Japan **and** other countries.
はい，ありましたね。日本**と**ほかの国**の間には**，ときどき文化の**違い**があるんです。

For example, we **make sounds** when we eat noodles.
たとえば，私たち日本人は，麺を食べるときに**音をたてます**。

In other cultures, this is bad **manners**.
しかし他の文化では，これは**行儀**が悪いことなのです。

So I have to **explain** Japanese **customs** like this.
だから，このような日本の**習慣**を**説明し**なければいけません。

Well, **in my opinion**, we're different, but we also
have things **in common**, like **laughter**.
そうですね，**私の意見では**，私たちはみんな違っている，でも，**笑い**のような**共通**して持っているものもあるということです。

We can **laugh** together during a *rakugo* performance.
落語の公演の間は，私たちはみんな一緒に**笑う**ことができるんです。

☐ **continue** ☐ [kəntínju: コン**ティ**ニュー]	動	続ける；続く
☐ spread ☐ [spréd スプレド]	動	広げる，広める；広がる ■-ing形はspreading
☐ peaceful ☐ [píːsfəl **ピ**ースフル]	形	平和な，おだやかな
☐ pleasure ☐ [pléʒər プ**レ**ジャ]	名	楽しみ，喜び
☐ *My pleasure.* ☐		どういたしまして。

What's your future plan? — To **continue spreading** laughter.
次の計画は何ですか。—笑いを**広め続けていく**ことですね。

I think this will make a more **peaceful** world.
それがより**平和な**世界を築くことになると考えています。

I've enjoyed talking with you. — **My pleasure.**
お話できて楽しかったです。—**どういたしまして。**

単語ノート

Why don't you ...? 教 p.106/ 本書 p.156

　Why don't you ...?は「…してはどうですか」と提案・助言したり，「…しませんか」と勧誘を表したりすることができる便利な表現です。文脈により主語をweに代えると「いっしょに…しませんか」という意味になります。

　Why don't you write an e-mail to her?
　（彼女にEメールを書いたらどうかな。）

　Why don't we play video games after school?
　（放課後テレビゲームをしようよ。）

　勧誘や提案するときに真っ先に思いつく便利な表現はLet's ....「…しましょう」です。ほかにもいくつか知っておくと表現の幅が広がります。

　Let's go shopping together. （いっしょに買い物に行こう。）

　Do you want to go and see a movie with me?
　（私といっしょに映画を見に行かない？）

　Would you like to have lunch with me?
　（私といっしょにお昼ご飯に行きませんか。）＊上の例よりていねいな表現

　Why not watch the movie? （その映画を見てみたらどうかな。）

　Shall we go inside? （中に入りませんか。）

USE Write メンバー募集のポスターを作ろう

☐ J.H.S. ☐ [dʒéi éitʃ és **チェイ エイチ エス**]	《略》	中学校 ★junior high schoolの略
◇ **open** ◇ [óupən **オウプン**]	形	自由に参加できる
☐ *be open to ...* ☐		…に開かれた
☐ beginner ☐ [bigínər **ビギナ**]	名	初心者，初学者 ■複数形は beginners
☐ annual ☐ [ǽnjuəl **アニュアル**]	形	毎年の，年1回の；1年の
☐ bass ☐ [béis **ベイス**]	名	(楽器の)ベース
☐ following ☐ [fálouiŋ **ファロウイング**]	形	次の，次に続く
☐ Emily ☐ [éməli **エミリ**]	名	エミリー ★女性の名前
☐ Brian Jones ☐ [bráiən dʒóunz **ブライアン ヂョウンズ**]	名	ブライアン・ジョーンズ ★人の名前

Take Action! Listen 6 プレゼントの相談

◇ promise ◇ [práməs **プラミス**]	動	約束する
☐ **should** ☐ [ʃúd **シュド**]	助	…すべきである，…するほうがいい ★「義務・当然」の意味を表す

We are the Wakaba J.H.S. Music Club.
私たちはわかば**中学校**音楽部です。

We **are open to beginners**.
初心者も歓迎です。

We have practice on Saturdays before the annual concert.
年に 1 回のコンサートの前は土曜日も練習します。

For more information, please ask the following members.
詳しくは**以下の**メンバーまでご連絡ください。

quality [kwάləti ク**ワ**リティ]	名	質，品質，特質
plus [plʌ́s プ**ラ**ス]	接	そして，さらに

connection [kənékʃən コ**ネ**クション]	名	関係, つながり ■複数形は connections
◇ **with** ◇ [wíð **ウィ**ズ]	前	…と (くっついて) ★結合を表す

Take Action! Talk 6 それもいい案だと思うけど

might [máit **マ**イト]	助	…かもしれない ★可能性を表す

Project 3 ディスカッションをしよう

past [pǽst **パ**スト]	形	ここ…, この (前の) …
host [hóust **ホ**ウスト]	動	(会などを) 主催する ■過去形・過去分詞は hosted
several [sévərəl **セ**ヴラル]	形	いくつかの, いく人かの
international [ìntərnǽʃənəl インタ**ナ**ショナル]	形	国際的な
Why not ...?		…しませんか。
decrease [dikríːs ディク**リ**ース]	動	減る ■-ing 形は decreasing ⇔increase 動 増やす, 増える

	both	代	両方，両方とも
	[bóuθ ボウス]		★複数として扱う
	both of ...		…の両方

教 p.115

How about flowers? — Well, that's not a bad idea, but cookies **might** be better.
花はどうかな？—そうだね，いい案だと思うけど，クッキーのほうがいい**かもしれない**。

教 pp.118~121

In the **past** few years, Japan has **hosted several international** sports events.
ここ数年，日本は**いくつかの国際**スポーツイベントを**主催してきました**。

Why not in Wakaba City?
わかば市でもぜひ**やりませんか**。

Our schools' sports days are getting smaller because the number of students is **decreasing**.
生徒の数が**減っている**ので，わかば市の学校の体育祭はどんどん縮小しています。

171

◇◇ **sure** [ʃúər シュア]	形	確信して	
□□ *be sure (that) ...*		…を確信している	
□□ adult [ədʌ́lt アダルト]	名	おとな，成人 ■複数形は adults	
◇◇ rich [rítʃ リチ]	形	金持ちの，裕福な	
□□ **poor** [púər プア]	形	貧乏な	
□□ used [júːst ユースト]	動	以前は…であった ★〔used to ...〕の形で用いる	
□□ *used to ...*		以前は…であった	
□□ yearly [jíərli イアリ]	形	年1回の	
□□ musical [mjúːzikəl ミューズィカル]	形	音楽の	
□□ musician [mjuːzíʃən ミューズィシャン]	名	音楽家 ■複数形は musicians	
□□ **brought** [brɔ́ːt ブロート]	動	bring(もたらす)の過去形・過去分詞	
□□ focus [fóukəs フォウカス]	動	(注意などを)集中する	
□□ *focus on ...*		…に焦点を合わせる	

I **am sure** a big sports event will make students and **adults** happy.
大きなスポーツイベントは，生徒や**大人**を満足させてくれる**と**，私は**確信しています**。

Old or young, **rich** or **poor**, everyone loves music.
高齢者も若者も，**富める**者も**貧しい**者も，あらゆる人々が音楽を愛しています。

I **used to** live in a different city.
私は，**以前**違う町に住んで**いました**。

It had a **yearly musical** festival.
その町は**年に一度**，**音楽**フェスティバルを開催していました。

Musicians played all kinds of music.
音楽家たちがあらゆる種類の音楽を演奏していました。

The festival **brought** people together.
そのフェスティバルは，人々を結び**つけました**。

This year, let's **focus on** food.
今年は，ぜひ食べ物**に注目**してみましょう。

◇◇◇	**good** [gúd **グド**]	形	適している
☐☐	**chance** [tʃǽns **チャンス**]	名	機会，チャンス
☐☐	advertise [ǽdvərtàiz **ア**ドヴァタイズ]	動	宣伝する
☐☐	**product** [prάdəkt **プ**ラダクト]	名	産物；製品 ■複数形は products
☐☐	environmental [invàiərənméntl インヴァイアロン**メ**ンタ ル]	形	環境の
◇◇◇	**need** [níːd **ニ**ード]	動	…する必要がある ★〔need to …〕で用いる
☐☐☐	*more than …*		…より多くの
◇◇◇	**action** [ǽkʃən **ア**クション]	名	行動；(一時の)行為，行い
☐☐☐	*take action*		行動を起こす
☐☐	grass-roots [grǽs rùːts グ**ラ**ス ルーツ]	形	草の根の

The Wakaba Festival will be a **good chance** to **advertise** our **products** to them.
わかばフェスティバルは，彼らに私たちの**生産物**を**宣伝するよい機会**となるでしょう。

We already know that we have to do something to solve **environmental** problems.
私たちは，**環境**問題を解決するために，何かしなければならないということがすでにわかっています。

We **need** to do **more than** just think.
私たちは，ただ考える**以上のことを**する必要があります**。

We need to **take action**.
私たちは**行動を起こす**必要があるのです。

The Wakaba Festival will be a good opportunity to show people our **grass-roots** activities.
わかばフェスティバルは，私たちの**草の根**運動を人々に示すよい機会となるでしょう。

READING FOR FUN 2 ▶ The Little Prince

☐☐	Little Prince [lítl príns **リ**トル プ**リ**ンス]	名	王子さま ★『星の王子さま』に出てくるキャラクター。the をつける
☐☐	alone [əlóun　ア**ロ**ウン]	副	ひとりで，単独で
☐☐	planet [plǽnit　プ**ラ**ニト]	名	惑星
☐☐	businessman [bíznəsmæn **ビ**ズネスマン]	名	実業家 ★business person を使うのがふつう
☐☐	add [ǽd　**ア**ド]	動	加える，(数値を)足す ■-ing形はadding
◇◇◇	number [nʌ́mbər　**ナ**ンバ]	名	数 ■複数形はnumbers
◇◇◇	that [ðǽt　**ザ**ト]	接	非常に [とても] …なので ★〔so ... that 〜〕の形で用いる
☐☐☐	*so ... that* 〜		とても…なので〜
☐☐	notice [nóutəs　**ノ**ウティス]	動	気がつく；注目する

The Little Prince
「小さな王子さま」

The Little Prince lived **alone** on a very small **planet**.
あるとても小さな**星**に，王子さまが**ひとりで**住んでいました。

On the first planet lived a **businessman**.
1 つ目の星には，**ビジネスマン**が住んでいました。

He was **adding numbers**.
彼は**たし算をしてい**ました。

He was **so** busy **that** he did not **notice** the Little Prince.
彼は**とても**忙しかった**ので**，王子さまには**気づき**ませんでした。

READING FOR FUN 2　The Little Prince

◇◇◇ **plus** [plʌ́s　**プラス**]	前	…を加えた，…に加えて
total [tóutl　**トウタル**]	名	合計
in total		合計で
million [míljən　**ミリョン**]	名 形	百万(の)
◇◇ those [ðóuz　**ゾウズ**]	形	その；それらの；あの；あれらの
◇◇◇ **so** [sóu　**ソウ**]	副	それほど
nothing [nʌ́θiŋ　**ナ**スィング]	代	何も…ない；何も…でない
simply [símpli　**スィ**ンプリ]	副	ただ単に
◇◇◇ own [óun　**オウン**]	動	所有する
◇◇ **so** [sóu　**ソウ**]	接	…するように ★目的を表す
somebody [sʌ́mbàdi **サ**ムバディ]	代	だれか，ある人

READING FOR FUN 2　The Little Prince

geographer [dʒiá:grəfər ヂ**ア**ーグラファ]	名	地理学者

Three **plus** five makes eight.
3 **たす** 5は, 8。

In total, that makes one **million**.
合計で百万になる。

Those stars over there are all mine.
あそこの**あの**星々はみんな私のものだ。

What do you do with **so** many stars?
そんなにたくさんの星をどうするんですか？

The businessman said, "**Nothing**. I **simply own**
them because I want to be rich."
「**何も**。**ただ持っているだけさ**。お金持ちになりたいからね」とビジネスマンが言いました。

So I can buy more stars if **somebody** discovers
them.
だれかが星を発見したら，もっとたくさん星を買えるように**するためさ**。

On the second planet lived a **geographer**.
2つ目の星には，**地理学者**が住んでいました。

describe [diskráib ディスクライブ]	動	記述する
desert [dézərt デザト]	名	砂漠 ■複数形は deserts
how [háu ハウ]	副	なんと, どんなに ★感嘆文に用いたとき
How ...!		なんと…!
What about ...?		…はどうですか。
either [í:ðər イーザ]	副	…もまた
exactly [igzǽktli イグザクトリ]	副	正確に, 〔答えに使って〕そのとおりです
explore [iksplɔ́ːr イクスプロー]	動	探検する
down [dáun ダウン]	副	書き留めて
write down ...		…を書き留める
answer [ǽnsər アンサ]	名	答え, 返事, 応答 ■複数形は answers
go out		外出する
sadly [sǽdli サドリ]	副	悲しそうに, 残念ながら

He said, "Geographers describe the seas, rivers, mountains, and deserts of planets."
「星にある海や川，山，**砂漠**について**記述する**のが地理学者さ」と彼は言いました。

"How interesting!" the Little Prince said.
「**なんて**興味深いんでしょう**！**」と王子さまは言いました。

Oh. What about rivers?
あら，そうですか。川は**どうですか？**

"I don't know that, either," the geographer said.
「それ**も**わからない」と地理学者は言いました。

"Exactly," he said,
「**いかにも**」と彼は言いました。

Explorers explore seas, rivers, mountains, and deserts.
探検家は海や川，山や砂漠を**探検する**。

I ask them questions and write down their answers.
私は彼らにいろいろと質問をして，その**答えを書き留める**。

I never go out.
私が**外へ行く**ことは決してない。

Sadly, there are no explorers on my planet, so I can't answer your questions.
ただ**残念なことに**，この星には探検家がいないんだ。だから君の質問には答えられないんだよ。

◇◇ as [ǽz **アズ**]	接	(…する)時に；…しながら ★時間を表す

quick [kwík **クウィク**]	副	素早く，速く ≒ fast 副 速く
order [ɔ́:rdər **オーダ**]	動	命じる，言いつける ■過去形・過去分詞は ordered
afternoon [æftərnú:n アフタ**ヌ**ーン]	名	午後
Good afternoon.		こんにちは。
mustn't [mʌ́snt **マスント**]		must not の短縮形
permission [pərmíʃən パ**ミ**ション]	名	許し，許可
yawn [jɔ́:n **ヨーン**]	動	あくびをする ■過去形・過去分詞は yawned
◇◇ now [náu **ナウ**]	副	さて，さあ ★文頭で用いる
order [ɔ́:rdər **オーダ**]	名	命令
go away		行ってしまう
earth [ɔ́:rθ **アース**]	名	地球 ★ふつう the をつけて用いる

"I see. That's sad," the Little Prince said **as** he left.
「わかりました。それは残念です」と言う**と**王子さまはその場を離れました。

教 p.125

"**Quick**! Come here!" the king **ordered** the Little Prince.
「**早く！　こちらへ参れ！**」と王さまは王子さまに**命令しました**。

"**Good afternoon**," said the Little Prince.
「**こんにちは**」と王子さまは言いました。

Stop! You **mustn't** say anything without my **permission**.
待て！　私の**許可**なしに何も言っては**ならん**。

The Little Prince **yawned**.
王子さまは**あくびをしました**。

Now yawn again.
さて，ではあくびをせよ。

It's an **order**!
命令だ！

The Little Prince had nothing to say, so he **went away**.
王子さまは何も言うことがなかったので，**行ってしまいました**。

He has not visited the **earth** yet.
彼はまだ**地球**は訪れていません。

CHECK IT OUT!

Lesson 7 GET Part 1

📖 pp.105~107

(1)	_____	前(の)，前方(の)
(2)	_____	だれか，ある人
(3)	_____	もう(…したか)，まだ(…ない)
(4)	_____	「終える」の過去分詞
(5)	_____	「送る」の過去形・過去分詞
(6)	_____	遅い，ゆっくりとした
(7)	r _____	座席の列
(8)	l _____	運のよい，幸運な
(9)	s _____	〔手足などを〕伸ばす
(10)	b _____	息，呼吸
(11)	a _____	到着する，着く
(12)	h _____	玄関ホール，会館
(13)	c _____ h _____	市役所
(14)	Do you have a _____?	ちょっといいですか。
(15)	Lucky _____.	あなたって本当に運がいいね。
(16)	_____ don't you ...?	…してはどうか。
(17)	I'd _____ to.	喜んで。

① 月 日	／17点	② 月 日	／17点	③ 月 日	／17点

Lesson 7 GET Part 2

📖 pp.108~109

(1)	_____	今までに，かつて
(2)	_____	「見る」の過去分詞
(3)	_____	たった1つ〔1人〕の
(4)	_____	会話

(5)		始まる，始める
(6)		たった，ほんの
(7)		「身につけている」の過去分詞
(8)	r	表す，意味する
(9)	t	2度，2回，2倍
(10)	r	乗ること，乗馬
(11)	b	バランスをとる〔保つ〕
(12)		has not の短縮形
(13)	_____ to	…へようこそ。
(14)	act _____ ...	…を演じる

① 月 日 ／14点	② 月 日 ／14点	③ 月 日 ／14点

Lesson 7 USE Read

(1)		わかる心，感覚
(2)		違い，相違(点)
(3)		…間に〔で・を・の〕
(4)		説明する
(5)		意見，考え
(6)		共通の，共通して
(7)		続ける，続く
(8)	U_____ S_____	アメリカ合衆国
(9)	j	冗談，しゃれ
(10)	h	ユーモア，おかしさ
(11)	t	旅行，(公演)ツアー
(12)	d	難しさ，困難，苦労

CHECK IT OUT!

(13)	m _____	作法，行儀
(14)	c _____	慣習，習慣
(15)	l _____	笑い
(16)	l _____	（声を出して）笑う
(17)	s _____	広げる，広める
(18)	p _____	平和な
(19)	p _____	楽しみ，喜び
(20)	all _____ the world	世界中に〔で〕
(21)	_____ sounds	音をたてる
(22)	_____ my opinion	私の意見では
(23)	in _____	共通して
(24)	_____ pleasure.	どういたしまして。

| ① 月 日 ／24点 | ② 月 日 ／24点 | ③ 月 日 ／24点 |

Lesson 7 USE Write 📖 p.113

(1)	b _____	初級者，初学者
(2)	a _____	毎年の，年1回の
(3)	b _____	（楽器の）ベース
(4)	f _____	次の，次に続く

| ① 月 日 ／4点 | ② 月 日 ／4点 | ③ 月 日 ／4点 |

Take Action! Listen 6 📖 p.114

(1)	_____	…すべきである
(2)	_____	質，品質
(3)	_____	そして，さらに

(4)		両方，両方とも
(5)	c	関係，つながり

① 月 日	／5点	② 月 日	／5点	③ 月 日	／5点

Take Action! Talk 6　📖 p.115

(1)		…かもしれない

① 月 日	／1点	② 月 日	／1点	③ 月 日	／1点

Project 3　📖 pp.118~121

(1)		ここ…，この(前の)…
(2)		いくつかの，いく人かの
(3)		貧乏な
(4)		以前は…であった
(5)		「もたらす」の過去形・過去分詞
(6)		機会，チャンス
(7)		産物，製品
(8)	h	主催する
(9)	i	国際的な
(10)	d	減る
(11)	a	おとな，成人
(12)	y	年1回の
(13)	m	音楽の
(14)	m	音楽家
(15)	f	集中する
(16)	a	宣伝する

187

CHECK IT OUT!

(17) e _____ 環境の

| ① 月 日 ／17点 | ② 月 日 ／17点 | ③ 月 日 ／17点 |

READING FOR FUN 2 　　　　　　　📖 p.122

(1) _____ 加える，足す

(2) _____ 気がつく，注目する

(3) a _____ ひとりで，単独で

(4) p _____ 惑星

(5) b _____ 実業家

(6) _____ ... that ~ とても…なので~

| ① 月 日 ／6点 | ② 月 日 ／6点 | ③ 月 日 ／6点 |

READING FOR FUN 2 　　　　　　　📖 p.123

(1) _____ 何も…ない

(2) _____ ただ単に

(3) _____ だれか，ある人

(4) t _____ 合計

(5) m _____ 百万（の）

(6) _____ total 合計で

| ① 月 日 ／6点 | ② 月 日 ／6点 | ③ 月 日 ／6点 |

(1) _____ …もまた

(2) _____ 正確に，そのとおりです

(3) d _____ 記述する

(4) e _____ 探検する

(5) s _____ 悲しそうに，残念ながら

(6) What _____ ...? …はどうですか。

(7) write _____ ... …を書き留める

(8) go _____ 外出する

① 月 日	／8点	② 月 日	／8点	③ 月 日	／8点

(1) _____ 素早く，速く

(2) _____ 命令，命じる

(3) p _____ 許し，許可

(4) y _____ あくびをする

(5) e _____ 地球

(6) _____ must not の短縮形

(7) Good _____. こんにちは。

(8) go _____ 行ってしまう

① 月 日	／8点	② 月 日	／8点	③ 月 日	／8点

■ 不規則動詞の活用表

[原形(もとの形)]	[現在形]	[過去形]	[過去分詞]
be(…である，…にいる)	am/is/are	was/were	been
become(…になる)	become(s)	became	become
begin(始める，始まる)	begin(s)	began	begun
bite(かむ)	bite(s)	bit	bitten
break(壊す)	break(s)	broke	broken
bring(持ってくる)	bring(s)	brought	brought
build(建てる)	build(s)	built	built
burn(燃やす)	burn(s)	burned/burnt	burned/burnt
buy(買う)	buy(s)	bought	bought
catch(つかまえる)	catch(es)	caught	caught
choose(選ぶ)	choose(s)	chose	chosen
come(来る)	come(s)	came	come
cost((お金・時間が)かかる)	cost(s)	cost	cost
cut(切る)	cut(s)	cut	cut
do(する，行動する)	do(does)	did	done
draw(引く，描く)	draw(s)	drew	drawn
drink(飲む)	drink(s)	drank	drunk
drive(運転する)	drive(s)	drove	driven
eat(食べる)	eat(s)	ate	eaten
fall(落ちる)	fall(s)	fell	fallen
feed(食べ物を与える)	feed(s)	fed	fed
feel(感じる)	feel(s)	felt	felt
fight(戦う)	fight(s)	fought	fought
find(見つける)	find(s)	found	found
fly(飛ぶ)	fly/flies	flew	flown
forget(忘れる)	forget(s)	forgot	forgot/forgotten
get(手に入れる，…になる)	get(s)	got	got/gotten

[原形(もとの形)]	[現在形]	[過去形]	[過去分詞]
give(与える)	give(s)	gave	given
go(行く)	go(es)	went	gone
grow(育てる)	grow(s)	grew	grown
have(持っている，…がある)	have/has	had	had
hear(聞こえる，聞く)	hear(s)	heard	heard
hide(隠れる)	hide(s)	hid	hid/hidden
hit(打つ，ぶつける)	hit(s)	hit	hit
hold(しっかり持つ)	hold(s)	held	held
hurt(傷つける)	hurt(s)	hurt	hurt
keep(保つ)	keep(s)	kept	kept
knit(編む)	knit(s)	knitted/knit	knitted/knit
know(知っている)	know(s)	knew	known
lead(導く)	lead(s)	led	led
learn(知る，聞く)	learn(s)	learned/learnt	learned/learnt
leave(去る，残す)	leave(s)	left	left
lend(貸す)	lend(s)	lent	lent
let(…させる)	let(s)	let	let
lose(負ける)	lose(s)	lost	lost
make(作る)	make(s)	made	made
mean(意味する)	mean(s)	meant	meant
meet(会う)	meet(s)	met	met
put(置く)	put(s)	put	put
quit(やめる)	quit(s)	quit	quit
read(読む)	read(s)	read [réd]	read [réd]
ride(乗る)	ride(s)	rode	ridden
ring(鳴る)	ring(s)	rang	rung

[原形（もとの形）]	[現在形]	[過去形]	[過去分詞]
rise（のぼる）	rise(s)	rose	risen
run（走る）	run(s)	ran	run
say（言う，話す）	say(s)	said	said
see（見る，わかる）	see(s)	saw	seen
sell（売る）	sell(s)	sold	sold
send（送る）	send(s)	sent	sent
set（置く，（太陽や月が）沈む）	set(s)	set	set
shake（振る）	shake(s)	shook	shaken
shoot（撃つ）	shoot(s)	shot	shot
show（見せる）	show(s)	showed	shown
sing（歌う）	sing(s)	sang	sung
sit（すわる）	sit(s)	sat	sat
sleep（眠る）	sleep(s)	slept	slept
speak（話す）	speak(s)	spoke	spoken
spend（費やす，過ごす）	spend(s)	spent	spent
spread（広げる）	spread(s)	spread	spread
stand（立つ）	stand(s)	stood	stood
swim（泳ぐ）	swim(s)	swam	swum
take（持って行く）	take(s)	took	taken
teach（教える）	teach(es)	taught	taught
tell（言う，知らせる）	tell(s)	told	told
think（考える）	think(s)	thought	thought
understand（理解する）	understand(s)	understood	understood
wear（身につける）	wear(s)	wore	worn
win（勝つ）	win(s)	won	won
write（書く）	write(s)	wrote	written

CHECK IT OUT! 解答

(1) trouble
(2) wrote
(3) story
(4) sick
(5) anyone
(6) man
(7) men
(8) job
(9) fact
(10) middle
(11) naughty
(12) author
(13) origin
(14) clever
(15) detective
(16) strange
(17) investigate
(18) get <u>into</u> ...
(19) <u>in</u> fact

(1) recently
(2) read
(3) if

(4) came
(5) clear
(6) wonderful
(7) test
(8) worried
(9) spoke
(10) lend
(11) frustrated
(12) scared
(13) lonely
(14) comfortable
(15) do <u>well</u>

(1) hope
(2) important
(3) useful
(4) adventure
(5) thrilling
(6) district
(7) someday
(8) article
(9) surprising

CHECK IT OUT! 解答

Lesson 1 USE Read

📖 pp.12~13
本書 pp.33~34

(1) once
(2) outside
(3) never
(4) caught
(5) away
(6) found
(7) find
(8) more
(9) anything
(10) because
(11) wonder
(12) happen
(13) just
(14) upon
(15) parsley
(16) rush
(17) shout
(18) among
(19) hid
(20) hide
(21) safe
(22) chamomile
(23) once upon a <u>time</u>
(24) <u>one</u> day
(25) at <u>last</u>

Take Action! Listen 1

📖 p.16
本書 p.34

(1) back
(2) pay
(3) machine
(4) closed
(5) borrow
(6) magazine
(7) fine
(8) scan
(9) press
(10) button

Take Action! Talk 1

📖 p.17
本書 p.35

(1) true
(2) forest
(3) award
(4) <u>Sounds</u> good!

GET Plus 1

📖 p.18
本書 p.35

(1) be <u>afraid</u> (that) ...
(2) try <u>on</u> ...

Word Bank

 p.19
本書 p.35

(1) menu

Lesson 2   GET Part 1

 pp.21~23
本書 p.56

(1) soon
(2) why
(3) something
(4) pass
(5) doctor
(6) organic
(7) farming
(8) travel
(9) engineer
(10) voice
(11) interpreter
(12) abroad
(13) overseas
(14) painter
(15) That's <u>right</u>.

Lesson 2   GET Part 2

 pp.24~25
本書 pp.56~57

(1) market

(2) sell
(3) grow
(4) better
(5) space
(6) forget
(7) without
(8) happiness
(9) achieve
(10) daily
(11) search
(12) online
(13) subtitle
(14) exercise
(15) return
(16) report

Lesson 2   USE Read

 pp.26~27
本書 pp.57~58

(1) reason
(2) health
(3) collect
(4) way
(5) near
(6) such
(7) over
(8) became
(9) become
(10) everyday
(11) healthy

CHECK IT OUT! 解答

(12) monitor

(13) crop

(14) sensor

(15) data

(16) improve

(17) visitor

(18) tourist

(19) harvest

(20) combine

(21) interest

(22) connect

(23) ideal

(24) bring <u>together</u> ...

(25) <u>such</u> as ...

(26) in <u>short</u>

Project 1
📖 pp.28~31
本書 p.58

(1) tell

(2) lyric

(3) charity

(4) invent

(5) tool

Take Action! Listen 2
📖 p.32
本書 p.59

(1) board

(2) president

(3) announcement

(4) toy

(5) novel

(6) puzzle

Take Action! Talk 2
📖 p.33
本書 p.59

(1) idea

(2) along

(3) agree

(4) doubt

(5) community

Word Bank
📖 p.35
本書 p.59

(1) possible

(2) necessary

(3) impossible

(4) essay

Lesson 3 GET Part 1
📖 pp.39~41
本書 p.78

(1) round

(2) cute

(3) chair

(4) count

(5) sign

(6) valley

(7) finally

(8) fog

(9) cloud

(10) unique

(11) cafe

(12) bookshelf

(13) there's

(14) <u>over</u> there

(15) <u>because</u> of ...

Lesson 3 GET Part 2

pp.42~43

本書 p.79

(1) excellent

(2) air

(3) hike

(4) wood

(5) moist

(6) mystery

(7) grader

(8) knit

(9) a <u>lot</u> of ...

Lesson 3 USE Read

pp.44~45

本書 pp.79~80

(1) part

(2) enough

(3) provide

(4) large

(5) point

(6) simple

(7) build

(8) material

(9) including

(10) however

(11) natural

(12) process

(13) pot

(14) vapor

(15) tiny

(16) net

(17) bamboo

(18) fiber

(19) electricity

(20) lack

(21) waste

(22) solution

(23) turn <u>into</u> ...

(24) <u>come</u> into ...

CHECK IT OUT! 解答

Lesson 3   USE Speak
📖 p.46
本書 p.80

(1) heard
(2) else
(3) heartwarming
(4) vote

Lesson 3   USE Speak
📖 p.47
本書 p.81

(1) recommend
(2) shelf
(3) gather
(4) parade

GET Plus 3
📖 p.48
本書 p.81

(1) must
(2) rule

Word Bank
📖 p.49
本書 p.81

(1) traffic
(2) double

(3) grass
(4) rock
(5) loudly
(6) obey

Lesson 4   GET Part 1
📖 pp.51~53
本書 p.106

(1) spend
(2) invite
(3) aunt
(4) coat
(5) crane
(6) guidebook
(7) chart
(8) <u>middle</u> of ...

Lesson 4   GET Part 2
📖 pp.54~55
本書 p.106

(1) hurt
(2) giant
(3) native
(4) British
(5) explorer
(6) tradition
(7) glad
(8) confused

(1) actually
(2) site
(3) area
(4) law
(5) itself
(6) everything
(7) society
(8) before
(9) act
(10) instead
(11) welcome
(12) culture
(13) sunrise
(14) sunset
(15) attract
(16) heritage
(17) sacred
(18) ancestor
(19) protect
(20) deeply
(21) consider
(22) consideration
(23) look <u>like</u> ...

(1) skill
(2) jungle
(3) guide
(4) plant

(1) gate
(2) immediately
(3) boarding
(4) passenger

(1) boat
(2) accident
(3) row

(1) until

CHECK IT OUT! 解答

(2) note
(3) turn <u>in</u> ...

Word Bank
 p.63
本書 p.109

(1) finish
(2) feeling
(3) raise
(4) express
(5) greet
(6) guest
(7) uniform

READING FOR FUN 1
 p.66
本書 p.110

(1) few
(2) worry
(3) master
(4) poison
(5) be <u>back</u>
(6) a <u>few</u> ...
(7) <u>Don't</u> worry.

READING FOR FUN 1
 p.67
本書 p.110

(1) <u>Shall</u> we ...?
(2) shut
(3) stuff
(4) room
(5) check
(6) wipe
(7) smell
(8) sugar
(9) Yes, <u>let's</u>.
(10) check <u>out</u> ...
(11) You're <u>right</u>.

READING FOR FUN 1
 p.68
本書 p.111

(1) break
(2) kid
(3) believe
(4) broke
(5) empty
(6) minute
(7) be in <u>trouble</u>
(8) <u>Wait</u> a minute.
(9) You <u>must</u> be kidding.

(1) awful
(2) ourselves
(3) ring
(4) punish
(5) ah
(6) What's <u>going</u> on?

(1) country
(2) than
(3) south
(4) young
(5) heavy
(6) New Zealand
(7) island
(8) north
(9) America
(10) South America
(11) prefecture
(12) deep

(1) compare
(2) most
(3) list
(4) include
(5) table
(6) party
(7) yourself
(8) keep
(9) expensive
(10) foreign
(11) cultural
(12) sleeping
(13) desert
(14) tunnel
(15) relax
(16) valuable
(17) colorful
(18) <u>by</u> oneself

(1) daughter
(2) although
(3) quite
(4) participate

(5) fee
(6) seafood
(7) flavor
(8) genre
(9) loud
(10) have <u>fun</u>

Lesson 5 USE Read
📖 pp.78~79
本書 p.134

(1) offer
(2) choice
(3) file
(4) further
(5) chose
(6) half
(7) member
(8) couple
(9) organize
(10) opportunity
(11) forward
(12) summary
(13) attach
(14) detail
(15) writing
(16) <u>thank</u> you for ...
(17) <u>half</u> of ...
(18) a member <u>of</u> ...
(19) a couple <u>of</u> ...
(20) look <u>forward</u> to ...

Lesson 5 USE Write
📖 pp.80~81
本書 p.135

(1) vanilla

Take Action! Listen 4
📖 p.82
本書 p.135

(1) hat
(2) pumpkin
(3) anniversary

Take Action! Talk 4
📖 p.83
本書 p.135

(1) would
(2) I'd
(3) Can I <u>speak</u> to ...?
(4) <u>Speaking</u>.

Word Bank
📖 p.85
本書 p.136

(1) fold
(2) arrange

CHECK IT OUT! 解答

(15) Asia
(16) East Asia
(17) gift

Lesson 6 USE Write
教 pp.98~99
本書 pp.153~154

(1) owl
(2) stress
(3) towel
(4) wrap
(5) sincerely

Take Action! Listen 5
教 p.100
本書 p.154

(1) under
(2) missing
(3) staff
(4) meter
(5) centimeter
(6) escape

Take Action! Talk 5
教 p.101
本書 p.154

(1) train
(2) matter

(3) pocket
(4) appreciate
(5) <u>ask</u> for ...
(6) I appreciate <u>it</u>.

Word Bank
教 p.103
本書 p.155

(1) copy
(2) handout
(3) slowly
(4) hint
(5) volume

Lesson 7 GET Part 1
教 pp.105~107
本書 p.184

(1) front
(2) someone
(3) yet
(4) done
(5) sent
(6) slow
(7) row
(8) lucky
(9) stretch
(10) breath
(11) arrive
(12) hall

⒀ city hall

⒁ Do you have a <u>minute</u>?

⒂ Lucky <u>you</u>.

⒃ <u>Why</u> don't you ...?

⒄ I'd <u>love</u> to.

Lesson 7 GET Part 2

 pp.108~109
本書 pp.184~185

⑴ ever

⑵ seen

⑶ single

⑷ conversation

⑸ begin

⑹ only

⑺ worn

⑻ represent

⑼ twice

⑽ riding

⑾ balance

⑿ hasn't

⒀ <u>Welcome</u> to ....

⒁ act <u>out</u> ...

Lesson 7 USE Read

pp.110~111
本書 pp.185~186

⑴ sense

⑵ difference

⑶ between

⑷ explain

⑸ opinion

⑹ common

⑺ continue

⑻ United States

⑼ joke

⑽ humor

⑾ tour

⑿ difficulty

⒀ manners

⒁ custom

⒂ laughter

⒃ laugh

⒄ spread

⒅ peaceful

⒆ pleasure

⒇ all <u>over</u> the world

(21) <u>make</u> sounds

(22) <u>in</u> my opinion

(23) in <u>common</u>

(24) <u>My</u> pleasure.

Lesson 7 USE Write

p.113
本書 p.186

⑴ beginner

⑵ annual

⑶ bass

⑷ following

CHECK IT OUT! 解答

Take Action! Listen 6

📖 p.114
本書 pp.186~187

(1) should
(2) quality
(3) plus
(4) both
(5) connection

Take Action! Talk 6

📖 p.115
本書 p.187

(1) might

Project 3

📖 pp.118~121
本書 pp.187~188

(1) past
(2) several
(3) poor
(4) used
(5) brought
(6) chance
(7) product
(8) host
(9) international
(10) decrease
(11) adult
(12) yearly
(13) musical
(14) musician
(15) focus
(16) advertise
(17) environmental

READING FOR FUN 2

📖 p.122
本書 p.188

(1) add
(2) notice
(3) alone
(4) planet
(5) businessman
(6) <u>so</u> ... that ～

READING FOR FUN 2

📖 p.123
本書 p.188

(1) nothing
(2) simply
(3) somebody
(4) total
(5) million
(6) <u>in</u> total

(1) either
(2) exactly
(3) describe
(4) explore
(5) sadly
(6) What <u>about</u> ...?
(7) write <u>down</u>
(8) go <u>out</u>

(1) quick
(2) order
(3) permission
(4) yawn
(5) earth
(6) mustn't
(7) Good <u>afternoon</u>.
(8) go <u>away</u>

索引 INDEX

索引 INDEX

索引 INDEX

索引 INDEX

索引 INDEX

単語・語句	品詞	掲載ページ
worn	動	161
worried	形	12
worry	動	98
would	助	128
wrap	動	146
write down ...		180
writing	名	124
wrote	動	8
yawn	動	182
year	名	140
... year(s) old		140
yearly	形	172
yes	副	98
Yes, let's.		100
yet	副	156
you	代	70
You must be kidding.		102
You're right.		100
young	形	114
yourself	代	116

メモ MEMO

メモ MEMO

【デザイン】有限会社アルデザイン　佐藤　誠
【レイアウト】株式会社双文社印刷
【編集協力】株式会社ターンストーンリサーチ

15　三省堂　英語 803　NEW CROWN English Series 2

三省堂 ニュークラウン 完全準拠　英単語集

———— 2 ————

編　　者　　三　省　堂　編　修　所

発　行　者　　株式会社　三　省　堂
　　　　　　　　代表者　瀧　本　多　加　志

印　刷　者　　三　省　堂　印　刷　株　式　会　社

発　行　所　　株式会社　三　省　堂
〒 102-8371　東京都千代田区麹町五丁目 7 番地 2
電話　(03) 3230-9411
https://www.sanseido.co.jp/
© Sanseido Co., Ltd. 2021
Printed in Japan

〈03 中英単語集 2〉④